《甘肃省气象条例》
《甘肃省气象灾害防御条例》释义

主编 李高协 杨兴国

甘肃省人大常委会法工委
甘肃省气象局   组织编写

气象出版社
China Meteorological Press

图书在版编目（CIP）数据

《甘肃省气象条例》《甘肃省气象灾害防御条例》释义 / 李高协，杨兴国主编. —— 北京：气象出版社，2023.9 (2024.1重印)
　ISBN 978-7-5029-8042-9

　Ⅰ.①甘… Ⅱ.①李… ②杨… Ⅲ.①气象灾害—灾害防治—条例—法律解释—甘肃 Ⅳ.①D927.420.218.205

中国国家版本馆CIP数据核字(2023)第177545号

《甘肃省气象条例》《甘肃省气象灾害防御条例》释义
《Gansu Sheng Qixiang Tiaoli》《Gansu Sheng Qixiang Zaihai Fangyu Tiaoli》Shiyi

出版发行：气象出版社
地　　址：北京市海淀区中关村南大街46号　邮政编码：100081
电　　话：010-68407112（总编室）　010-68408042（发行部）
网　　址：http://www.qxcbs.com　E-mail：qxcbs@cma.gov.cn
责任编辑：刘瑞婷　　　　　　　　　　　终　审：张　斌
责任校对：张硕杰　　　　　　　　　　　责任技编：赵相宁
封面设计：艺点设计

印　　刷：北京中石油彩色印刷有限责任公司

开　　本：880 mm×1230 mm　1/32　　印　张：6.125
字　　数：181千字
版　　次：2023年9月第1版　　　　　　印　次：2024年1月第2次印刷
定　　价：48.00元

本书如存在文字不清、漏印以及缺页、倒页、脱页等，请与本社发行部联系调换。

本书编委会

主　编　李高协　杨兴国
副主编　陆燕宁　孙安平　李照荣
成　员　李　月　李春亮　尹宪志
　　　　苏　敏　包洁琼　蔡晓奇
　　　　范飞勇　杨宏中　王有恒
　　　　王　炜　李　飞　于仕琪

前　言

《甘肃省气象条例》《甘肃省气象灾害防御条例》(以下简称"两部条例")是根据《中华人民共和国气象法》《气象灾害防御条例》等相关法律法规,在总结多年来甘肃省气象工作实践经验的基础上,对有关内容进行了深化和细化,从而做出的有可操作性的具体法规规定。两部条例的颁布实施对甘肃省气象工作的高质量发展提供了坚强的法律支撑。

为了进一步规范甘肃省气象工作,提升气象保障服务能力和水平,更好地适应经济社会发展需要,切实贯彻"放管服"改革等有关要求,维护法治统一,2022年6月2日甘肃省第十三届人民代表大会常务委员会第三十一次会议修订通过两部条例,并于2022年8月1日起实施。两部条例的修订,标志着甘肃省自然灾害防御法律体系更加完善,气象服务和气象灾害防御工作的法律依据更加充分,法律保障更加有力。

此次修订,《甘肃省气象条例》主要对气象工作方针、气象设施保护、气象信息的发布和使用、灾害性天气种类以及法律责任进行了修改完善;《甘肃省气象灾害防御条例》主要对气象灾害的种类、气象灾害防御规划、气象灾害预警信息发布和传播、气候可行性论证和气象灾害风险评估、气象灾害防御应急演练以及法律责任进行了修改完善。

本书由李高协、杨兴国担任主编,由甘肃省人大常委会法工委、甘肃省气象局参与两部条例立法修订的同志参与编写。组织编写本书,是为了使甘肃省各级政府及其有关部门和社会各界能够准确了解、掌握两部条例的内容,使两部条例的学习、宣传和贯彻工作落到实处。本书在撰写过程中坚持以准确地反映立法宗旨和法律条款内容为最基本要求,对每条、每款释义努力做到阐述全面、准确。可以相信,该释义的出版,将会对各级政府和政府各部门及其工作人员和社会各界进一步学习、领会和贯彻、实施两部条例有所裨益。

由于时间仓促,难免有不足之处,恳请提出宝贵意见。

编 者

2023 年 2 月 14 日

目 录

前 言

第一编 《甘肃省气象条例》释义

第一章　总则 ………………………………………………… 3
第二章　气象主管机构职责与地方气象事业 ………………… 16
第三章　气象设施与探测环境保护 …………………………… 23
第四章　气象预报与服务 ……………………………………… 35
第五章　气象灾害防御与气候资源利用 ……………………… 48
第六章　气象行业管理 ………………………………………… 65
第七章　法律责任 ……………………………………………… 75
第八章　附则 …………………………………………………… 80

第二编 《甘肃省气象灾害防御条例》释义

第一章　总则 ………………………………………………… 85
第二章　规划建设 …………………………………………… 101
第三章　监测预警 …………………………………………… 113
第四章　灾害预防 …………………………………………… 123
第五章　灾害应急 …………………………………………… 138
第六章　法律责任 …………………………………………… 151
第七章　附则 ………………………………………………… 153

附 录

附录一 中华人民共和国气象法 …………………………… 157
附录二 气象灾害防御条例 ……………………………………… 166
附录三 人工影响天气管理条例 ………………………………… 175
附录四 气象设施和气象探测环境保护条例 …………………… 180
附录五 气象部门规章目录 ……………………………………… 186
附录六 气象规范性文件目录 …………………………………… 188

第一编

《甘肃省气象条例》释义

第一章 总　　则

　　总则是对一部法律、法规的基本原则和总体思路的集中体现,是法律、法规的骨干和灵魂,起着提挈全局的作用。总则一般规定立法的目的、依据和适用范围,基本原则及基本法律制度。本章共六条,规定了有关甘肃省气象工作的根本性问题。具体内容包括:本条例的立法目的和依据,适用范围,工作方针,政府职责,气象主管机构职责,表彰奖励等。

　　第一条　为了规范气象工作,发展气象事业,提高气象预报服务水平,防御气象灾害,合理开发利用和保护气候资源,保障人民生命财产安全,促进经济和社会可持续发展,根据《中华人民共和国气象法》等法律、行政法规的规定,结合本省实际,制定本条例。

　　【释义】本条是关于《甘肃省气象条例》立法目的和依据的规定。

　　一、关于立法目的。立法目的,也称为立法宗旨,是指制定一部法律、法规所要达到的任务目标,也就是说制定一部法律、法规要解决哪些问题。立法目的与法律、法规的其他条文之间是目的与手段的关系。一部法律、法规中的每一具体条文规定都应当围绕该法律、法规的立法目的,为实现立法目的而服务。立法目的统领着一部法律、法规的全部规范的价值取向,因此,一般来说,立法目的是法律、法规的必设条款,且都作为一部法律、法规的第一条规定,以开宗明义,总揽全局。

　　《甘肃省气象条例》作为一部调整甘肃省气象工作开展过程中所形成的各种社会关系的地方性法规,其根本目的是加强气象工作,发展气象事业,提高气象预报服务水平,防御气象灾害,合理开发利用和保护气候资源,保障人民生命财产安全,促进经济和社会可持续发展。因此,根据本条规定,《甘肃省气象条例》立法目的主要包括以下四个方面:

(一)规范气象工作,发展气象事业。国家高度重视气象工作。为了加强气象工作,提高气象工作服务水平,1959年7月31日,印发《国务院关于加强气象工作的通知》;1992年5月2日,印发《国务院关于进一步加强气象工作的通知》;2006年1月12日,印发《国务院关于加快气象事业发展的若干意见》(国发〔2006〕3号);2022年4月28日,国务院印发《气象高质量发展纲要(2022—2035年)》。在法律制度保障方面,1994年8月18日,国务院制定《中华人民共和国气象条例》,1999年7月31日,全国人大常委会通过《中华人民共和国气象法》(简称《气象法》),2002年、2010年、2012年,国务院分别制定《人工影响天气管理条例》《气象灾害防御条例》《气象设施与气象探测环境保护条例》等行政法规。国家领导人对气象工作高度重视,多次对气象工作进行指示、批示。在中华人民共和国气象事业70周年之际,习近平总书记专门作出重要指示,指出气象工作关系生命安全、生产发展、生活富裕、生态良好,做好气象工作意义重大、责任重大。

在全面建设社会主义现代化国家的新征程上,为更好满足人民日益增长的美好生活需要、服务经济社会发展,需要全面立足新发展阶段、贯彻新发展理念、构建新发展格局,推动气象事业高质量发展,保障第二个百年奋斗目标如期实现。中华人民共和国气象事业从成立之初就坚持服务国家、服务人民,如今气象服务已成为百姓不可或缺的基本公共服务。在全球气候变暖背景下,极端天气气候事件增多增强,气象灾害严重威胁人民生命财产安全。随着经济社会快速发展和人民生活水平不断提高,人民群众对气象服务需求更加多样化、个性化,必须坚持"人民至上、生命至上",推动气象事业发展,更好地满足人民美好生活需要。在现代化经济体系建设中,气象与生产、流通、消费等各环节的关联性不断增强,气象信息、数据等已成为重要的生产要素,广泛应用于经济社会各行各业。防汛抗旱、应急调度等工作需要准确及时的气象预报预警,农业生产、交通运输、能源保供、海洋经济等重点行业和领域发展需要有针对性的气象服务,生态文明建设、实现"碳达峰""碳中和"目标等都对气象工作提出了更高要求,推动气象事业发展更好地为经济社会发展保驾护航至关重要。

(二)提高气象预报服务水平,防御气象灾害。习近平总书记在新中国气象事业 70 周年之际,要求广大气象工作者发扬优良传统,加快科技创新,做到监测精密、预报精准、服务精细,推动气象事业高质量发展,提高气象服务保障能力,发挥气象防灾减灾第一道防线作用,努力为实现"两个一百年"奋斗目标、实现中华民族伟大复兴的中国梦作出新的更大的贡献。据世界气象组织估计,气象灾害造成的死亡人数约占整个自然灾害死亡人数的 60%。甘肃省气象灾害种类多、发生频率高、影响大,次生气象灾害隐患重、灾损重,是制约甘肃省经济社会发展的重要因素。据不完全统计,甘肃省因气象灾害及次生灾害造成的经济损失占 GDP(国民生产总值)的比率,大约是全国平均水平的 3 倍。因此,切实把气象预报预警服务融入各级政府和部门的综合防灾减灾决策部署,是甘肃省经济和社会发展中一项具有战略性意义的任务,责任重大。

立法可为聚焦重大灾害、重点流域、重点地区,做好灾害性天气监测预报预警服务,面向交通、能源、旅游、物流等重点领域,开展基于灾害性天气影响预报和基于各类气象灾害的风险预警业务,加强突发事件预警信息发布管理,提升预警信息传播率和覆盖面提供坚实法律基础。

(三)合理开发利用和保护气候资源。气候资源可以满足人类在物质财富生产过程中对原材料、能源等的需求,可以通过人们直接或间接地利用形成财富或使用价值,是一种宝贵的自然资源,包括:热量资源、光能资源、水分资源、风能资源和大气成分资源等,具有普遍性、清洁性和可再生性。气候资源也是我国的十大自然资源之一,已被广泛应用于国计民生的各个方面,在人类可持续发展中占据重要地位和作用。随着人类对气候及其规律性的认识逐步深入,以及化石能源资源的不断减少和生态环境的日益恶化,人类对合理开发、利用气候资源的认识也在逐步提高。20 世纪下半叶以来,由于人口的不断增长,不合理的人类活动增多,生物圈、大气圈、水圈、岩石圈、冰雪圈间的良性循环被破坏,加剧了全球气候变化。这种变化已经并将继续对气候资源的分布产生影响。因此,合理开发利用和保护气候资源被提到了关系社会全面进步和国民经济可持续发展的高度,做好气候资源的开发利用和保护工作十分重要。

由此,借助立法大力推进生态修复型人工影响天气业务体系建设,提高开发利用云水资源的能力,常态化开展人工影响天气作业,挖掘甘肃省气候资源,开展农作物种植适应性分析,开展作物需水规律与节水灌溉气象预报服务,提高水资源利用率,为农业生产、生态修复提供更有力气象保障。

(四)保障人民生命财产安全,促进经济和社会可持续发展。保障人民生命财产安全,促进经济和社会可持续发展是气象工作的根本宗旨,也是气象工作的出发点和归宿点。几十年来,气象部门不断加强气象现代化建设,提高气象预报和灾害性天气预警信息的准确率,以增强气象服务的能力和水平。气象台站在开展气象服务时,始终坚持把为公众的公益性气象服务放在首位,坚持把为各级领导和政府部门发展经济、防灾减灾等重大决策放在首位;各级气象台站也注重针对政府部门的需要,综合运用各种服务手段,努力改进服务产品的内容、形式,积极提出对策和建议,使气象服务在国家经济建设、国防建设、社会发展和人民生活中发挥越来越大的作用。可以说,气象立法的最终目的是保障人民生命财产安全,促进经济和社会可持续发展。

二、关于立法依据。本条例的立法依据主要有法律《气象法》和行政法规《人工影响天气管理条例》《气象灾害防御条例》《气象设施和气象探测环境保护条例》(以下简称"一法三条例")。1999年10月31日,《气象法》经第九届全国人民代表大会常务委员会第十二次会议审议通过,于2000年1月1日起实施。2002年3月13日,《人工影响天气管理条例》经国务院第56次常务会议讨论通过,自2002年5月1日起施行。2010年1月20日,《气象灾害防御条例》经国务院第98次常务会议通过,自2010年4月1日起施行。2012年8月22日,《气象设施和气象探测环境保护条例》经国务院第214次常务会议通过,自2012年12月1日起施行。

本条例对"一法三条例"的相关内容进行了深化、细化,突出了甘肃省地方、地域特色,并作出了具有可操作性的具体规定。本条例还参考了中国气象局制定的《气象资料共享管理办法》《气象灾害预警信号发布与传播办法》《气候可行性论证管理办法》《防雷减灾管理办法》《气象预报发布与传播管理办法》《气象信息服务管理办法》《气象台站迁建行政许可管理办法》《雷电防护装置检测资质管理办法》《气象行业管理若干规定》《升放气球管理办法》《雷电防护装置设计审核和竣工验收规定》等部门规章。同时充分吸收了党中央、国务院关于气象工作的一系列重要指示、方针、政策,特别是习近平总书记在中华人民共和国气象事业70周年之际的重要指示,以及《国务院办公厅关于清理规范国务院部门行政审批中介服务的通知》(国办发〔2015〕31号)、《国务院关于印发清理规范投资项目报建审批事项实施方案的通知》(国发〔2016〕29号)、《国务院关于优化建设工程防雷许可的决定》(国发〔2016〕39号)、《国务院办公厅关于推进人工影响天气工作高质量发展的意见》(国办发〔2020〕47号)等重要文件精神,并加以概括总结,上升为具有普遍约束力的法律规定。此外,本条例在起草过程中,充分考虑了新时期气象灾害防御工作出现的新情况、新问题,也注意与《中华人民共和国国土规划法》《中华人民共和国大气污染防治法》《中华人民共和国突发事件应对法》、国务院《通用航空飞行管制条例》等相关法律、行政法规的有效衔接。

第二条 在本省范围内从事气象活动,应当遵守本条例。法律、行政法规对从事气象活动已有规定的,依照其规定执行。

【释义】本条是关于条例的地域适用范围、调整对象、衔接条款的规定。

一、地域适用范围。法律的适用范围也称法律的效力范围,包括法律的空间效力范围、法律的时间效力范围和法律对人的效力,换句话说,就是法律适用于哪些地域、何时开始生效以及适用于哪些主体。本条例的地域适用范围,就是指条例的空间效力范围,即条例在甘肃省内有效。

二、**调整对象**。法律发挥其作用的基本机制是规范人们的行为。法律的规范作用是通过规范人们在其所参加的社会关系中的权利、义务来实现的,这种被法律所规定的社会关系,构成了法律关系。法律的调整对象,是指法律规范所调整的各种社会关系,对某一部法律而言,其调整对象就是这部法律所规范的社会关系。根据《气象法》的规定,该法所调整的社会关系,是指气象探测、预报、服务和气象灾害防御、气候资源利用、气象科学技术研究等活动。这些活动的具体内容以及对这些活动的管理,在《气象法》的各个具体规范中,分别都有较为明确的规定。依据《气象法》的规定,本条例的调整对象,是指气象探测、预报、服务和气象灾害防御、气候资源利用、气象科学技术研究等活动以及对这些活动的管理所产生的法律关系。

三、**衔接条款**。为保证国家法律、行政法规在本省有效运行,同时避免重复上位法内容,本条第二款和上位法进行了衔接规定,即法律、行政法规对从事气象活动已有规定的,依照其规定执行。

第三条 气象工作应当把公益性气象服务放在首位,遵循保障生命安全、生产发展、生活富裕、生态良好的方针,做到监测精密、预报精准、服务精细,充分发挥为社会公众、政府决策和经济发展提供服务的功能。

【释义】本条是关于气象工作基本原则的规定。

一、**气象工作应当把公益性气象服务放在首位**。根据《国务院关于机构设置的通知》(国发〔2018〕6号),中国气象局为国务院直属事业单位。依据《事业单位登记管理暂行条例》第二条第一款"本条例所称事业单位,是指国家为了社会公益目的,由国家机关举办或者其他组织利用国有资产举办的,从事教育、科技、文化、卫生等活动的社会服务组织",气象部门的社会公益性属性是法律赋予的。法律上要求气象部门通过监测地球大气环境,加工处理各种气象信息和其他有关信息,从事气象灾害的预测防御、气候资源的开发利用和保护，为全社会提供公益性气象服务。同时，也按照国际公约和惯例，向世界气象组织提供基本的气象探测资料。通过明确气象事业的基础性公益事业的性质，表明国家将其作为特殊公益性事业加以保护，以强调国家对基础性公益气象事业的支持，促进气象事业的发展。

二、遵循保障生命安全、生产发展、生活富裕、生态良好的方针。随着我国社会主要矛盾发生历史性变化，推动气象事业高质量发展必须主动适应社会主要矛盾新变化，着力提升气象服务的质量和水平。保障生命安全，加强气象灾害监测预报预警，大力发展气象影响预报和风险预警业务，完善突发事件预警信息发布体系，切实发挥气象防灾减灾第一道防线作用。保障生产发展，主动融入和服务现代化经济体系建设，做好面向各行各业的气象服务，加快发展气象业务，充分发挥气象趋利避害作用。保障生活富裕，聚焦人民群众美好生活对气象服务的需求，不断提升气象服务的针对性、有效性和均等化水平。保障生态良好，加强大气污染防治、气候资源利用、生态保护修复、人工影响天气、应对气候变化等工作，充分发挥气象在实现碳达峰目标和碳中和愿景以及生态文明建设中的支撑保障作用。

三、做到监测精密、预报精准、服务精细。气象监测、气象预报、气象服务是气象部门的三项核心业务，监测精密为基，是气象事业的地基；预报精准为本，是气象业务的"龙头"；精细服务为要，是气象业务的落脚点，也是气象事业与人民获得感、幸福感、安全感的连接点。甘肃省气象部门聚焦气象核心关键技术攻关，瞄准科技发展前沿，着力提升气象核心业务能力。围绕监测精密，着力发展全时全域全要素的综合气象观测，优化地面、高空气象观测站网布局，加强气象观测智能化和装备技术水平，提升综合气象观测能力。围绕预报精准，着力发展以数值气象预报为基础的预报业务，加快构建智慧精准的气象预报体系，努力提高预报预测的准确性、提前量和精细化水平。围绕服务精细，着力构建智慧精细、开放融合、普惠共享的现代气象服务体系，切实将精密监测、精准预报按需及时送达决策者、生产者和人民群众。

四、充分发挥为社会公众、政府决策和经济发展提供服务的功能。

党的二十大报告强调,提高公共安全治理水平,坚持安全第一、预防为主,完善公共安全体系,提高防灾减灾救灾和急难险重突发公共事件处置保障能力。气象部门不断发挥"消息树"和"发令枪"作用,创新完善气象防灾减灾体系建设,强化气象综合防灾减灾能力,为国家重大活动、重大事件提供专业气象保障,为公众生产生活提供个性化、精细化气象服务。多年来,甘肃省气象工作始终把保护人民生命财产安全和为社会主义现代化建设服务作为宗旨,并直接面向全省社会经济发展和公众生活的需要,在政府决策、防灾减灾、工农业生产、资源开发和环境保护、国防建设和军事活动等许多方面创造了巨大的社会、经济和生态效益。

除常规天气预报之外,气象服务已经涉及农业、健康、交通、旅游、能源等各个领域,气象服务对经济社会发展的贡献率逐年增长。人民群众气象获得感明显增强,气象服务满意度逐年稳步递增。随着移动通信技术高速发展,高级别气象预警信息实现全网发布,气象灾害预警信息发布时效大大提升,预警信息覆盖面达越来越广。建成了由高炮、火箭、地面烟炉和新舟60作业飞机组成的立体化人工影响天气作业系统。

甘肃省气象部门还与自然资源、环境保护等部门联合发布地质灾害气象风险预警、重污染天气预报和空气质量预报、山洪灾害气象预警、森林火险气象等级预报等预报预警信息。"政府主导、部门联动、社会参与"的气象防灾减灾体系和"横向到边、纵向到底"的基层气象灾害应急预案体系初步建立。

第四条 县级以上人民政府应当加强对气象工作的领导和协调,组织编制气象事业发展规划,建立健全与气象管理体制相适应的地方气象事业投入体制,并将气象事业纳入本级国民经济和社会发展计划及财政预算。

【释义】本条是关于气象事业的性质、县级以上人民政府在气象工作上的职责、地方气象事业项目投资及纳入本级国民经济和社会发展计划及财政预算的规定。

一、关于县级以上人民政府应当加强对气象工作的组织、领导和协调的规定。这一规定,是对县级以上人民政府在加强气象工作时提出的基本要求,明确了县级以上人民政府是本级行政区域内气象工作的行政领导机关,同样是负责此项工作的责任主体。

甘肃省气象局隶属中国气象局和甘肃省人民政府双重领导,是气象工作的主管部门,行使同级人民政府管理气象工作的行政职能,并对本行政区域内的气象工作实施行业管理。甘肃省气象局下设10个内设机构、8个直属单位、13个市(州)气象局、68个县气象局。

党的十八大以来,气象事业发展环境得到进一步优化。服务经济社会发展、服务人民群众是气象工作的根本宗旨和基本要求。作为实行双重管理体制的垂管部门,气象部门一方面通过深化省部合作的方式推动气象事业发展,提升气象服务保障能力;另一方面通过省局合作在促进地方经济社会发展中发挥重要作用。

根据本条的规定,县级以上人民政府在气象工作上的职责包括:一是应当加强对气象工作的领导和协调,组织编制气象事业发展规划,建立健全与气象管理体制相适应的地方气象事业投入体制;二是应当将气象事业纳入本级国民经济和社会发展计划及财政预算,以保障其构建科技领先、监测精密、预报精准、服务精细、人民满意的现代气象体系,充分发挥气象防灾减灾第一道防线作用,全方位保障生命安全、生产发展、生活富裕、生态良好,更好满足人民日益增长的美好生活需要,为加快生态文明建设、全面建成社会主义现代化强国、实现中华民族伟大复兴的中国梦提供坚强支撑。这一规定,是对县级以上人民政府在加强气象工作时提出的基本要求。它既是人民政府加强对气象工作领导所必须遵守的一项法定职责,也是人民政府履行加强对气象工作领导和协调职责的前提和基础。

本条规定充分表明,国家将气象事业作为科技型、基础性、先导性社会公益事业,气象事业事关人民生命财产安全,事关经济发展和社会和谐。同时,也是市场经济条件下,政府向社会提供的一项必不可少的公共服务。气象工作作为一项长期任务,必须通过规划予以保障,也必须由政府来领导,由公共财政予以支撑。因此,条例通过将其纳入中央和地方同级国民经济和社会发展计划及财政预算,保障其发展,并促进其充分发挥为公众、政府决策和经济发展服务的功能。

二、**建立健全与气象管理体制相适应的地方气象事业投入体制**。2021年,甘肃省气象局、甘肃省发展和改革委员会联合印发《甘肃省"十四五"气象事业发展规划》,在保障措施章节中明确提出加强财政保障的要求:建立健全与气象部门现行领导管理体制相适应的双重气象计划体制和相应的财务渠道,争取国家气象主渠道投资力度不断加大,积极争取各级政府对气象的支持力度,形成稳定的省、市、县各级地方气象投入渠道。强化财政预算与规划实施的衔接协调,更好地发挥规划的战略导向作用。健全政府购买服务机制,鼓励社会资源参与气象服务供给,推动相关专业气象服务纳入本级政府购买服务清单。

甘肃省气象局一直以来积极配合中国气象局开展《气象部门中央和地方财政保障范围划分建议方案》编制工作,及时协调甘肃省财政厅反馈意见。协调中央财政加大对甘肃气象公共投入和基本支出的保障力度,提高关系民生问题的资金保障水平,财政收入的基本支出占比不断加大。

三、**县级以上人民政府的定义**。本条例中的县级以上人民政府,是指省、市(州)、县(市、区)人民政府。

第五条 县级以上气象主管机构在上级气象主管机构和本级人民政府的领导下,负责本行政区域内的气象工作。

其他有关部门所属的气象台站,应当接受同级气象主管机构对其气象工作的指导、监督和行业管理。

> 【释义】本条是关于气象管理体制及气象行业管理制度的规定。

一、**本条第一款是关于气象管理体制的规定**。根据这一款的规定,甘肃省地方各级气象主管机构在上级气象主管机构和本级人民政府的双重领导下,负责本行政区域内的气象工作,这一规定符合气象部门的领导管理体制的现状。1983年,国务院办公厅转发《国家气象局关于全国气象部门机构改革方案的报告的通知》,规定"各省、市、自治区气象局在机构改革后,既是上级气象部门的下属单位,又是同级人民政府的工作部门",自此,全国气象部门有计划、分步骤地进行了领导管理体制改革,实行了气象部门与地方政府双重领导、以气象部门领导为主的领导管理体制。目前,甘肃省共有1个省级气象主管机构、13个市(州)气象主管机构(金昌市气象局为地方机构)、68个县级气象主管机构,县级以下不设气象主管机构。地方各级气象机构既是上级气象部门的下属单位,又是同级人民政府主管气象工作的部门,主管本行政区域内的气象工作。实行这种领导管理体制,既有利于气象部门业务建设和干部队伍的稳定,也有利于发挥各级地方政府发展气象事业的积极性,提高气象服务的效益。

根据立法技术规范,在法律、法规中,一般不出现具体机构的名称,故在本法中只提"气象主管机构"。为了便于理解,对本条例中涉及的有关气象主管机构称谓的内涵作一具体的解释:"国务院气象主管机构",是指中国气象局;"省气象主管机构",是指甘肃省气象局;"县级以上气象主管机构",是指甘肃省气象局、各市(州)气象局和各县(市、区)气象局。

二、本条第二款是关于气象行业管理制度的规定。为了适应社会经济的发展,生态环境、交通运输、农业农村、自然资源、水利等部门为满足本部门需要,先后建立了一批气象台站。气象行业就是由各级气象主管机构所属的气象台站和其他有关部门所属的气象台站组成。随着社会各界对气象信息需求的不断增加,气象服务能力的提高、领域的拓宽,加强对气象行业的统筹规划,实现气象台站和重要气象设施的合理布局,减少重复建设和重复劳动,充分发挥气象工作为经济建设、国防建设、社会发展和人民生活服务的作用,实施气象行业管理十分必要。只有通过执行全行业统一的气象技术标准、规范和规程,加强协调和监督,才能进一步提高气象全行业的总体水平。为了实现气象行业内部结构优化、关系协调,并形成气象行业的整体优势,使有限的投入能最大限度地发挥效益,本款规定了"其他有关部门所属的气象台站,应当接受同级气象主管机构对其气象工作的指导、监督和行业管理"。

根据本款规定,气象主管机构将通过加强气象工作的规划、协调、指导、监督和服务工作,实施对气象行业的宏观管理。但是,实施行业管理,并不改变其他有关部门气象台站的建制和行政隶属关系,设有气象台站的其他有关部门仍然要按照气象行业发展规划,以及气象法律、法规、技术规范和标准的要求,加强对本部门气象台站的管理。各级气象主管机构和设有气象台站的其他部门,要从人民利益的高度出发,互相支持、密切合作,共同搞好气象行业管理工作。

第六条 县级以上人民政府应当关心和支持少数民族地区、边远艰苦地区气象台站的建设和运行。

对在气象工作中做出突出贡献的组织和个人,依法给予奖励。

【释义】本条是关于关心和支持少数民族地区、边远艰苦地区气象台站的建设和运行,以及对有关单位和个人奖励的规定。

一、本条第一款是关心和支持少数民族地区、边远艰苦地区气象台站的建设和运行的规定。确定关心和支持少数民族地区、边远艰苦地区气象台站的建设和运行。由于气象业务活动的需要,甘肃省在海拔高、少数民族地区、边远艰苦地区建立了一批环境艰苦的气象台站。这些气象台站大多数是国家的基准气候站、基本气象站等骨干气象站,它们主要承担国家的基本气象探测业务,经费主要靠国家财政支持。由于国家财力有限,这些气象台站无论是工作条件,还是生活条件都非常艰苦,而且有时基本建设和正常的气象业务运行都难以进行。因此,为了保证这些气象台站的建设和发展,使其更好地为地方经济建设和社会发展提供服务,本款明确要求,县级以上人民政府应当关心和支持少数民族地区、边远艰苦地区气象台站的建设和运行。这一规定主要是对县级以上人民政府在关心支持气象事业方面的义务的规定,要求县级以上人民政府既要关心和支持少数民族地区、边远艰苦地区气象台站的建设,同时,对这些气象台站的正常维持和运行也应当给予照顾。

《甘肃省"十四五"气象事业发展规划》制定全省"十四五"台站基础设施建设规划,明确推进玛曲、马鬃山、乌鞘岭、华家岭等少数民族地区、边远艰苦地区气象台站阳光暖房和富氧环境建设,推进绿色台站和文化台站建设,完成10个高质量台站示范建设,开展基层台站节能环保改造及供暖、排污、水电路气、围墙围栏等配套设施建设。

二、本条第二款是关于对在气象工作中做出突出贡献的组织和个人,依法给予奖励的规定。 甘肃省鼓励气象工作者献身于气象事业,表彰他们在气象工作中作出的突出贡献,这对促进甘肃省的气象事业发展有着十分重要的现实意义。因此,有必要在法律上对奖励制度作出明确规定,对在气象工作中做出突出贡献的单位和个人,给予奖励。本款中的"气象工作",是一个泛指概念,包括气象工作的方方面面,只要在气象工作中作出突出贡献,无论是单位,还是个人都应当给予奖励。例如,多年来,甘肃省气象局按照有关规定,对在汛期气象服务中做出突出贡献的单位和个人,每年都给予奖励。在科技成果奖励中,也把气象科技成果纳入评奖范围,以鼓励气象工作者献身于气象事业,为气象事业发展作出贡献。

第二章 气象主管机构职责与地方气象事业

本章共三条,分别阐述了气象主管机构职责、地方政府支持当地气象事业发展情况和参与地方气象事业建设的主体、方式、权益保障的规定。细化明确政府和个人在气象防灾减灾服务、气象现代化建设、助力生态文明建设以及地方气象事业发展中应有的职责和权利。具体内容包括:县级以上气象主管机构的主要职责、气象事业发展所需支持项目和重点推进工作,以及参与地方气象事业建设的组织和个人所享受的合法权益等。

第七条 县级以上气象主管机构的主要职责:
(一)贯彻实施气象法律法规,开展本行政区域内气象及其灾害防御知识的宣传;
(二)制定本行政区域内气象事业发展规划,负责地方气象事业的建设和管理;
(三)统一管理气象预报的制作与发布;
(四)负责气象防灾减灾的技术研究和服务,归口管理人工影响天气工作;
(五)负责本行政区域内气候可行性论证,指导气候资源的开发利用和保护工作;
(六)组织气象科研攻关和成果的推广应用;
(七)负责气象科技市场的开发与管理;
(八)法律法规规定的其他职责。

【释义】本条规定有八项,主要规定县级以上气象主管机构的主要职责。

一、贯彻实施气象法律法规，开展本行政区域内气象及其灾害防御知识的宣传。提高整个社会的气象工作效能，不但需要依靠科技进步，而且需要提高全社会的气象防灾减灾意识，动员广大人民群众积极参与气象防灾减灾和趋利避害的行动。完成上述任务，只有在政府的统一领导下，建立起目标明确、责任落实、任务清楚、分工合作的高效气象工作体系，并依靠强有力的法律保障才有可能。因此对县级以上气象主管机构规定，在本行政区开展包括保护气象用地、探测环境保护、加强气象灾害防御、避免或者减轻气象灾害造成的损失等气象法律法规、气象知识科普宣传活动。

二、制定本行政区域内气象事业发展规划，负责地方气象事业的建设和管理的职责。气象事业是科技型、基础性、先导性社会公益事业。气象工作关系生命安全、生产发展、生活富裕、生态良好，做好气象工作意义重大、责任重大。党的十八大以来，通过各地区各有关部门不懈努力，甘肃省气象事业发展取得显著成就。

这和各级政府制定本行政区域内气象事业发展规划是分不开的。甘肃省气象局一直以来积极配合中国气象局开展《气象部门中央和地方财政保障范围划分建议方案》意见征求工作，及时协调甘肃省财政厅反馈意见。协调中央财政加大对甘肃气象公共投入和基本支出的保障力度，提高关系民生问题的资金保障水平，财政收入的基本支出占比不断加大。

三、统一管理气象预报的制作与发布的职责。随着社会的发展，民众、防灾减灾救灾任务和经济建设对气象预报的需求和要求也不断增长，传统的气象预报已不能满足社会发展的需要。为了适应新形势，使气象工作更主动、更好地为经济建立各行各业服务，为满足人民日益增长的需求服务。本条明确县级以上气象主管机构具有统一管理气象预报制作发布业务的职责，各级气象主管机构所辖的气象台站负责制作发布预报预警信息。

近年来，甘肃省气象局进一步规范县级以上气象主管机构对气象预报的制作与发布的统一管理，重点解决预警信号针对性不强、阈值标准不适应防灾减灾需求等问题。全面梳理、丰富细化我省各类各级别预警信号的普适性防御建议,写入预警信号发布业务实施细则,列入"甘肃省短时临近预警系统"的预警信号产品模板。市(州)、县局可因地制宜修改。按基础设施、交通运输、工业生产、农林业等10类提出分行业、分灾种、分等级的防御建议。差异化防御建议使各级气象台开展专业专项服务时,发布的预警信号和气象风险预警产品更具针对性。

四、负责气象防灾减灾的技术研究和服务,归口管理人工影响天气工作。 气象部门有责任和义务在现有科技手段支撑下,持续健全气象灾害防御体制机制,继而更好地开展防灾减灾的技术研究和服务。气象防灾减灾的技术研究和服务是从常见气象灾害出发,对因气象因素导致的各类灾害进行研究,针对各类灾害的特点提出了相应的防灾减灾措施,从而减少生命财产损失。近年来,气象部门进一步巩固完善政府主导、部门联动、社会参与的气象灾害防御机制,建立以气象灾害预警信息为先导的危险地区人员提前转移机制,推进气象防灾减灾体系法制化、规范化和现代化建设。在强化各级气象灾害防御指挥机构的防范部署和应急指挥作用同时,强化气象灾害防御在综合防灾减灾中的先导作用。

为了进一步发挥气象防灾减灾的技术研究和服务作用,气象部门通过推进防灾减灾资源整合与信息共享;推动气象防灾减灾救灾工作融入基层网格化社会治理体系,纳入基层基本公共服务体系;加强气象防灾减灾志愿者组织化和普及化,鼓励、引导社会组织、个人和企业参加气象防灾减灾救灾活动;修订完善气象灾害应急预案以及构建灾害信息反馈机制,实现预警、灾情互联互通,提高服务效能和水平。

人工影响天气是指在有利的气象条件下,通过科技手段对局部大气进行人工影响,来实现增雨(雪)、防雹、消雨、消雾等目的。经过70多年发展,甘肃省人工影响天气工作进入发展最快、服务最广、效益最突出的阶段,从计划和预案制订、指令下达、组织实施到效果评估的"五段式"实时业务流程和业务体系在甘肃省建立;高性能探测增雨飞机、双偏振天气雷达、自动化火箭发射架与高炮等现代化装备大显身手。

气象部门归口管理人工影响天气工作将有利于科技创新方面持续发力,有利于开展人工防雹、人工增雨(雪)、森林火险扑救、降低森林火险等,大范围常态化人工增雨(雪)作业已成为补充生态用水、扩大湖泊湿地面积、增加草地生物量和冰川雪线面积的有力支撑。

《甘肃省"十四五"气象事业发展规划》提出,到2025年,组织完善、服务精细、保障有力的人工影响天气工作体系进一步健全,基础研究和应用研发取得突破,作业服务能力明显提升,安全风险防范能力显著增强,人工影响天气高质量发展格局基本形成,服务经济社会发展和生态文明建设的能力显著提高。

具体举措有推进祁连山生态保护区、黄河上游水源涵养区及陇东黄土高原生态脆弱区人工影响天气作业能力建设,加强覆盖生态保障区、粮食主产区和重要水源区的人工影响天气服务,形成生态修复、自然灾害防治、空中云水资源开发利用并举的人工影响天气业务。构建监测精密、技术先进的"天基-空基-地基"云水资源立体探测系统。优化地面作业点布局,完善作业飞机运行管理和保障机制,构建大型无人机人工影响天气业务体系。优化人工影响天气业务系统智能识别、科学指挥、精准作业、定量评估功能。加强重大科研基础设施建设,深化云降水和人工影响天气机理的基础研究。完善人工影响天气安全责任体系和机制,推进地面作业装备与设施的自动化、标准化、信息化改造,作业点标准化率达95%以上。强化政府主导的人工影响天气工作保障机制,稳定基层专业化作业队伍。

五、负责本行政区域内气候可行性论证,指导气候资源的开发利用和保护工作。气候可行性论证,是指对与气候条件密切相关的规划和建设等项目进行气候适宜性、风险性以及可能对局地气候产生影响的分析、评估活动。气候可行性论证工作承担着气象防灾减灾、气象区域协调发展、开发利用气候资源、应对气候变化等气象保障服务作用。气象部门组织开展气候可行性论证工作,是法律法规赋予气象部门的法定职责,是落实"放管服"改革创新便民利企管理方式的重要举措,是气象部门积极服务地方经济社会发展的重要职责。

目前,气候可行性论证主要在以下三类工作中开展:建设项目气候可行性论证、区域气候可行性论证、国土空间规划气候可行性论证。

从开展气候可行性论证工作必要性来说,《气象法》第三十四条规定,各级气象主管机构应当组织对城市规划、国家重点建设工程、重大区域性经济开发项目和大型太阳能、风能等气候资源开发利用项目进行气候可行性论证。具有大气环境影响评价资质的单位进行工程建设项目大气环境影响评价时,应当使用符合国家气象技术标准的气象资料。2016年5月,《国务院关于印发清理规范投资项目报建审批事项实施方案的通知》将重大规划、重点工程项目气候可行性论证列为涉及安全的强制性评估。这些重大规划和重点工程项目,一方面本身受到气候条件影响,另一方面也可能会对局地气候产生影响。开展气候可行性论证,能够从源头上有效避免或者减轻规划和建设项目遭受极端气象灾害的不利影响,避免造成重大损失;同时能够及时提出预防、适应或减轻规划和建设项目可能对局地气候和大气环境造成不利影响的对策。尤其在极端天气气候事件频发的今天,开展气候可行性论证工作对促进经济社会健康发展、保障国家和人民生命财产安全、指导气候资源的开发利用和保护工作意义重大。

六、组织气象科研攻关和成果的推广应用。科研成果能否转化为现实生产力,已成为衡量国家和地区科技发展水平的重要标志,加速科技成果的转化应用是推动科技与经济结合的重要环节。多年来,经广大气象科技工作者的努力,气象科研攻关取得了丰硕的成果,这些成果促进了气象事业的发展和气象现代化建设。

七、负责气象科技市场的开发与管理。甘肃省气象局在全面推进气象现代化建设中已经形成业务技术报告、决策服务材料、发展战略、规划计划和重大软科学研究成果等,在科学研究、工程业务建设和气象服务等过程中形成了系统、平台、设备、软件、数据集、方法、指标、科普作品以及重大技术标准研究成果等。

第八条　地方气象事业项目主要包括:

(一)为经济建设和防灾减灾服务设置的气象机构、气象探测和通信设施、气象预报预警发布系统、电视天气预报制作系统等;

(二)城市环境气象预报、合理开发利用和保护气候资源、气象灾害防御;

(三)乡村振兴、节水节能和保护生态环境等气象保障服务;
(四)气象卫星遥测遥感技术在当地国民经济建设中的开发利用;
(五)人工影响天气工作;
(六)法律法规和国家规定的其他气象事业项目。

【释义】本条规定有六项,主要规定了地方气象事业项目。

地方气象事业是根据地方需要,由地方政府确定并解决所需基建投资和有关经费的地方事业。地方政府应牢牢把握气象工作关系生命安全、生产发展、生活富裕、生态良好的战略定位,树牢以人民为中心理念,贯彻落实党中央重大决策部署中发展气象事业这一理念的指导下,更新定位和目标,结合当地经济社会发展实际,增加为当地农业综合开发、预测农作物产量、开发利用农业气候资源、建设和防灾减灾服务设置的气象机构、气象探测和通信设施、气象预报预警发布系统、电视天气预报制作系统等;城市环境气象预报、合理开发利用和保护气候资源、气象灾害防御;乡村振兴、节水节能和保护生态环境等气象保障服务;气象卫星遥测遥感技术、人工影响天气(含人工增雨、防雹、防霜、消雾等)的各项支出。

第九条 鼓励组织和个人依法以资助、投资和技术转让等方式参与地方气象事业建设,其合法权益受法律保护。

【释义】本条是关于参与地方气象事业建设的主体、方式、权益保障的规定。

一、**参与主体**。参与地方气象事业建设的行为,属于民事法律行为。根据《民法典》的规定,民事主体是民事关系的参与者、民事权利的享有者、民事义务的履行者和民事责任的承担者,具体包括三类:一是自然人。自然人是最基本的民事主体。二是法人。法人是依法成立的,具有民事权利能力和民事行为能力,依法独立享有民事权利和承担民事义务的组织。三是非法人组织。非法人组织是不具有法人资格,但是能够依法以自己的名义从事民事活动的组织。本条规定所有的民事主体都可以依法参与地方气象事业建设。

二、**参与方式**。政府基于公共福祉,引入市场竞争机制参与地方气象事业建设,其目的在于通过市场竞争机制追求民众公共福祉的普遍化、高效益化及可得性,达成政府对人民群众的公共服务义务。本条规定民事主体可以通过提供资金、物质或者让予现有特定的专利、技术秘密的相关权利等方式参与地方气象事业建设。

三、**权益保障**。所有参与地方气象事业建设的民事主体的合法权益都应当受法律保护,本条对此进行了重申。

第三章 气象设施与探测环境保护

气象设施是从事气象业务活动的基础,它包括气象探测设施、气象信息专用传输设施以及大型气象专用技术装备等;气象探测环境,是指为避开各种干扰保证气象探测设施准确获得气象探测信息所必须的最小距离构成的环境空间。设立本章对有效保护气象设施与探测环境保护具有重要意义。本章共五条,主要规定了气象设施受法律保护,明确了气象设施因不可抗力遭受破坏时,当地人民政府是采取紧急措施,组织力量修复的责任主体;气象探测环境分类分级保护的范围和标准;信息产业部门在保障气象信息传递方面的义务以及国家对气象无线电专用频道和信道的保护;气象台站迁移的行政许可单位以及迁建费用的承担单位;新建、扩建、改建建设工程应当尽量避免危害气象探测环境,且必须按行政许可程序进行报批。

第十条 气象设施受法律保护,任何组织或者个人不得侵占、损毁或者擅自移动气象设施。

气象设施因不可抗力遭受破坏时,当地人民政府应当采取紧急措施,组织力量修复,确保气象设施正常运行。

> 【释义】本条规定了对气象设施的保护以及当气象设施因不可抗力遭受破坏时政府的职责。

保护气象设施,对于保证气象设施正常、稳定、可靠地运行,确保准确、及时地获取气象探测信息具有非常重要的意义。气象设施的安置必须符合相应的技术要求并保持长期稳定。为了切实保护好气象设施,防止和制止人为破坏和不可抗力破坏气象设施给气象工作带来的

不可弥补的损失,本条规定了以下两方面内容:

一、规定了国家对气象设施的保护以及组织和个人在保护气象设施方面的义务。气象事业属于科技型、基础性社会公益事业,气象设施是气象业务活动的基础设施,属于国有公共资产。当前,我国已开启全面建成社会主义现代化强国新征程,在向着第二个百年奋斗目标迈进的历史进程中,气象工作必须坚持党的领导,全面贯彻习近平总书记重要指示精神,立足新发展阶段,贯彻新发展理念,构建新发展格局,以气象事业高质量发展更好服务保障社会主义现代化强国建设。围绕"监测精密",中国气象局正在着力发展全时全域全要素的综合气象观测,进一步优化地面、海洋、高空气象观测站网布局,加强气象观测智能化和装备国产化水平,提升综合气象观测能力,这些气象探测设施,大部分都安置于室外的观测场内。近年来,随着甘肃省综合气象观测系统建设的快速推进,大量的气象探测设施在全省范围内进行了室外安装和布设,但气象设施被毁、被盗情况时有发生,这不仅浪费了国家大量的资金,而且干扰了甘肃省气象工作的正常进行,影响到气象探测资料序列的连续性,从而影响到气象监测、预报工作的进行和气象灾害的预防。过去出台的有关法规性文件,对保护气象设施起到了一定作用,但是,由于层次低,效力低,不能适应实际工作的需要。为了加大执法力度,使气象设施的保护有法可依,《气象法》明确了国家对气象设施的保护,以及任何组织或者个人不得侵占、损毁或者擅自移动气象设施。在本条例中进一步明确相关规定,这对依法保护气象设施必将起到积极的作用。

二、规定了因不可抗力使气象设施受到破坏时当地政府应当采取紧急措施予以修复,确保气象设施正常运行。本条规定的不可抗力主要有两层意思:一是由于暴雨、冰雹、龙卷、地震、山洪、泥石流、山体滑坡、沙尘暴等自然灾害的原因,致使气象设施遭受破坏;二是由于战争等行为致使气象设施遭到破坏。无论是哪种原因,当地人民政府都应立即组织力量进行修复,确保气象设施的正常运行,避免气象工作的中断,造成不可挽回的损失。

第十一条 县级以上人民政府应当按照国家规定的标准划定当地各类气象台站气象探测环境的具体保护范围,并树桩立界,实行分类分级保护。

> 【释义】本条是关于气象设施和气象探测环境保护工作原则的规定。

一、按照国家规定的标准划定当地各类气象台站气象探测环境的具体保护范围。《气象设施和气象探测环境保护条例》对各类气象台站的保护要求做出了明确规定。禁止实施下列危害大气本地站、国家基准气候站、国家基本气象站、国家气象观测站探测环境的行为:

(一)大气本底站

1. 在观测场周边3万米探测环境保护范围内新建、扩建城镇、工矿区,或者在探测环境保护范围上空设置固定航线;

2. 在观测场周边1万米范围内设置垃圾场、排污口等干扰源;

3. 在观测场周边1000米范围内修建建筑物、构筑物。

(二)国家基准气候站、国家基本气象站

1. 在国家基准气候站观测场周边2000米探测环境保护范围内或者国家基本气象站观测场周边1000米探测环境保护范围内修建高度超过距观测场距离1/10的建筑物、构筑物;

2. 在观测场周边500米范围内设置垃圾场、排污口等干扰源;

3. 在观测场周边200米范围内修建铁路;

4. 在观测场周边100米范围内挖筑水塘等;

5. 在观测场周边50米范围内修建公路、种植高度超过1米的树木和作物等。

(三)国家气象观测站

1. 在观测场周边800米探测环境保护范围内修建高度超过距观测场距离1/8的建筑物、构筑物;

2. 在观测场周边200米范围内设置垃圾场、排污口等干扰源;

3. 在观测场周边100米范围内修建铁路;

4. 在观测场周边50米范围内挖筑水塘等;

5. 在观测场周边30米范围内修建公路、种植高度超过1米的树木和作物等。

二、树桩立界或在气象设施附近显著位置设立保护标志,标明保护要求。树桩立界或设立保护标志是做好气象设施保护工作的一项重要举措。地方各级气象主管机构应当按照国务院气象主管机构的规定,在气象台站和单独设立的气象探测设施等各类气象设施附近的显著位置设立保护标志、标牌,在保护标志和标牌上清晰标明气象设施的法定保护要求、保护范围以及举报电话、举报联系人等信息,并通过广播、电视、报纸、网络等媒体做好对社会公众的宣传,使社会公众了解气象设施的保护规定,提高社会公众对气象设施的保护意识。保护标志一经设立,任何人不得以任何借口随意损毁、移动、挪作他用,一经发现,将按照相关规定追究责任。

三、分类保护。气象设施和气象探测环境保护的对象是各类气象设施和各类气象台站的探测环境。气象台站主要包括大气本底站、国家基准气候站、国家基本气象站、国家气象观测站、太阳辐射观测站、酸雨观测站、农业气象观测站、生态气象观测站、高空气象观测站(含风廓线仪、声雷达、激光雷达等)、天气雷达站、雷电观测站、气象卫星地面站(含静止气象卫星地面接收站、极轨气象卫星地面接收站)、卫星测控站、卫星测距站、区域气象观测站、大气成分观测站、环境气象观测站、沙尘暴观测站等。不同气象台站的工作任务不同、探测范围不同、探测频次不同、探测要素不同,探测资料的作用也不一样。如大气本底站负责监测大气成分和温室气体浓度,为全球应对气候变化和温室气体减排谈判提供基础数据,而气象卫星地面接收站负责气象卫星资料接收、传输、业务测控,为天气预报、气候预测以及气象防灾减灾提供基础数据;再如国家基准气候站由国务院气象主管机构根据国家气候区划以及全球气候观测系统的要求设置,每个站的观测信息要代表周围几百千米的气象状况,观测数据参加全球气候信息交换;而区域气象观测站通常只代表周围几千米到几十千米的气象状况,由省级气象主管机构设置,负责局地小范围气象观测,观测信息主要用于防灾减灾及开展地方气象服务。因此,不同种类气象台站的观测环境保护要求是不同的。如果所有气象台站的探测环境都采用同一保护要求的话,显然既不现实,也没必要。应当根据气象台站的不同类别,对其探测环境分类进行保护。

四、分级管理。国务院气象主管机构负责制定全国气象设施和气象探测环境保护的标准和要求,各省、自治区、直辖市按照国务院气象主管机构的保护标准和要求,结合当地实际情况实施属地管理。国务院其他部门所属的气象台站,参照国务院气象主管机构的有关要求,按照谁设置、谁管理的原则进行管理。

第十二条 各级负责无线电、电力和通信管理的部门,应当保护气象台站的大气探测系统、气象预报预警发布系统、自动气象站等气象信息网络所使用的频道、电路和信道。任何组织或者个人不得干扰和挤占。

> **【释义】**本条规定了信息产业部门在保障气象信息传递方面的义务以及国家对气象无线电专用频道和信道的保护。

一、规定信息产业部门在保障气象信息传递方面的责任。为尽快掌握世界和我国各地的天气变化情况,做好气象预报,需要把遍布世界各地的各种类型的气象台站所获得的包括地面到高空、陆地到海洋的大量气象信息,及时传递给气象台站。气象台站分布在城市、农村、平原、高山、海岛、沙漠和边疆等地。既要把各种气象信息迅速收集、汇总,又要将收集、汇总的各种气象情报、气象预报以及灾害性天气预警信息等产品很快传输给国内各级气象台站和有关部门使用。气象通信工作担负着上述各种气象信息的收集、传输、分发任务,而且具有信息量大、时效高、质量必须可靠等特点。为了保障气象信息的传递,本条明确:信息产业部门应当与气象主管机构密切配合,以确保气象信息畅通,准确、及时地传递气象情报、气象预报和灾害性天气预警信息。本款所指的传递气象信息,不是指媒体向社会发布公众气象预报和灾害性天气预警信息,这一点,在执行中要特别注意。

二、规定了国家对气象无线电专用频道和信道的保护。由于气象业务的需要,气象工作使用了专用的无线电频率资源。随着通信事业的发展,势必出现使用频率资源的竞争,甚至被侵占现象。有限的无线电频率资源的合理利用和保护,关系到更好地认识和监测我们赖以生存的地球环境,涉及到国民经济的可持续发展。为保证气象监测预报工作的顺利进行,必须保护气象无线电专用频道和信道。本条第二款规定:"气象无线电专用频道和信道受国家保护,任何组织或者个人不得挤占和干扰",为维护我国气象工作中重要的通信保障的合法权益提供了法律依据。本条所称的气象专用频道和信道,是指经国家无线电管理委员会批准用于灾害性天气联防、天气会商及发布天气预警信息的超短波通信和天气预警信息系统频率。

第十三条 未经依法批准,任何组织或者个人不得迁移气象台站;确因实施国土空间规划或者国家重点工程建设,需要迁移国家基准气候站、基本气象站的,应当报经国务院气象主管机构批准;需要迁移其他气象台站的,应当报经省气象主管机构批准。迁建费用由建设单位承担。

【释义】本条规定了气象台站迁移的行政许可单位以及迁建费用的承担。

一、规定了任何组织或者个人未经依法批准不得迁移气象台站。保持气象台站站址的长期稳定,是获得长序列、均一的气象资料的必要条件。在符合技术要求的站址获得的资料连续时间越长,资料的使用价值就越高。新建气象站,都要求把站址选在符合技术规范和环境要求的地方,主要是为保持其长期的稳定。早在1980年,国务院批准中央气象局《关于保护气象台站观测环境的通知》(中气字〔1980〕第010号)中就要求:严格按照《各种气象观测环境的技术要求》确定气象台站的观测场地,由各级政府和各地城建规划部门将其列入城建规划,受国家的保护;现有气象台站的观测场地及周围环境情况,应向当地规划部门报告备案,对已有工作条件受影响问题的观测场地,当地政府、城建规划部门应给予支持,尽量争取就地改善;气象台站附近,今后应禁止对气象观测记录有影响的工程建设;凡事先未征得气象部门同意,在气象台站附近进行建设而造成气象台站工作条件与观测环境破坏的,应按违章建筑处理,情节严重者应追究责任,严肃处理;《气象法》《气象设施和气象探测环境保护条例》也对气象台站的迁移以及迁建费用承担进行了明确规定。

二、规定了确因实施国土空间规划或者国家重点工程建设,需要迁建气象台站的规定流程和报批手续。本条所指的国土空间规划,是按照《中华人民共和国城乡规划法》的要求纳入城市规划或者村庄和集镇建设规划。国家重点工程建设,是指列入国家计划的国家重点建设工程项目的建设。关于报批权限,是按不同气象台站的类型,分别报国务院气象主管机构和省气象主管机构。按照《气象探测环境保护规范 地面气象观测站》(GB31221—2014)规定,气象台站的地面气象观测站点分为四类:一是国家基准气候站,它是国家气候观测站网中的骨干和标准站点,目的在于获取不同气候区内长期连续的、具有代表性的标准气象观测资料,并对其他气象站点由于人为原因造成的观测资料误差进行序列订正;二是国家基本气象站,它是国家天气、气候观测站网的主体部分,与基准气候站共同组成国家的天气、气候观测站网;三是国家气象观测站(原一般气象站),它是与基准气候站、基本气象站共同组成省级的地方天气、气候观测站网;四是区域气象观测站,它是以地方服务为主要目的并主要根据当地气象服务需要承担由省级气象局确定观测项目的地方气象观测站点。以上四类气象观测站点中,第一、二类是国家天气、气候观测站网的骨干和主体,是气象台站网的骨干基础;第三、四类主要是为地方服务的与国家站网共同组成的地方天气、气候站网。因此,按其重要程度和主要服务对象,明确国家基准气候站和基本气象站的迁移必须报经国务院气象主管机构审批,国家气象观测站(原一般气象站)和区域气象观测站的迁移必须报经省气象主管机构审批。具体要求是:

（一）国务院气象主管机构负责大气本底站、国家基准气候站和国家基本气象站迁建行政许可的审批和管理，并对其他气象台站迁建行政许可行为进行监督管理。

（二）省气象主管机构负责本行政区域内其他气象台站迁建行政许可的审批和管理，并承担大气本底站、国家基准气候站和国家基本气象站迁建行政许可的初审和管理。

（三）申请迁建气象台站的，应当由建设单位或者县级以上地方人民政府向本省气象主管机构提出申请。

（四）申请人在提出申请时，应向受理机构提供以下材料：

1. 气象台站迁建申请表；
2. 气象台站选址报告书；
3. 委托代理的，应出具代理委托函；
4. 申请人对所提供材料真实性负责的承诺。

（五）申请迁建大气本底站、国家基准气候站和国家基本气象站的，省气象主管机构应当自受理之日起二十个工作日内完成初审，并签署意见后报送国务院气象主管机构审批。国务院气象主管机构应当自收到申请材料后二十个工作日内作出决定。

（六）申请迁建其他气象台站的，省气象主管机构应当自受理之日起二十个工作日内作出决定。二十个工作日内不能作出决定的，按照《中华人民共和国行政许可法》第四十二条规定执行。

（七）国务院或省气象主管机构在审批过程中需要按照《中华人民共和国行政许可法》第四十五条规定进行技术审查（含现场踏勘）的，所需时间不计入审批时间内。技术审查（含现场踏勘）时间一般不超过三个月，国务院或省气象主管机构应当将所需时间书面告知申请人。

（八）申请人依法享有要求听证的权利。

（九）行政许可的有效期为三年。

（十）新址建设工程完成后，申请人应及时向省、自治区、直辖市气象主管机构提出验收的申请，由作出许可决定的气象主管机构按照国务院气象主管机构有关业务规定组织验收。

（十一）迁建国家基准气候站、国家基本气象站和国家一般气象站的,应当按照国务院气象主管机构的规定,在新址与旧址之间进行至少一年的连续对比观测。

三、规定了迁站和新建气象台站观测资料进行对比的要求。 按照《气象设施和气象探测环境保护条例》《气象观测站新建迁移和撤销管理规定》(气发〔2020〕50号)和《地面气象观测规范》规定,为解决因迁站产生的资料序列非均一性问题,提供正确使用迁址前后资料的依据,保证气象资料的连续性和监测工作的不中断,对新建气象台站探测设施所获得的观测资料进行对比、换算后才能连续使用。因此,迁移国家气候观象台、国家基准气候站、国家基本气象站、国家气象观测站,须在新址和原址之间进行至少1年连续无间断的对比观测。对比观测通常在批复迁移后进行,自次年1月1日开始(因遭受严重自然灾害原址无法正常开展观测业务的,经审批单位同意后可不进行对比观测)。对比观测必须在新址和原址观测场内进行。对比观测的仪器设备为自动气象站,对比观测要素为气压、空气温度、空气湿度、风向、风速、降水、地温;对比观测期间的所有资料都将作为气象档案永久保存。迁移的气象台站经批准、决定迁移的气象主管机构验收合格,正式投入使用后,方可改变旧址用途,才能在旧址开始工程建设。

四、规定了迁建气象台站所需费用的承担。《气象法》明确规定:气象台站因实施城市规划或者国家重点工程建设,经批准确需迁移的,其迁建费用由建设单位承担。这里所指的迁建费用,包括由于迁移气象台站所需的选址、征地、委托设计、建筑物施工和设备购置、安装等全部工程建设费用和气象台站搬迁的全部费用。

第十四条 建设单位新建、扩建、改建建设工程可能危害气象探测环境的,应当事先征得省气象主管机构同意,并采取相应措施后,方可建设。

> **【释义】**本条规定了新建、扩建、改建建设工程应当尽量避免危害气象探测环境,对某些确实无法避免将会造成危害的,须事先征得省气象主管机构的同意,并采取相应措施后,方可建设。

一、气象探测资料除具有比较性、代表性、准确性外,还应当保持其**连续性**。为了解一地的气候状况,分析其在较长时期内的变化规律,气象探测资料的序列越长越有使用价值,从时间上要求不间断地长年累月进行观测,从地域上要求稳定在同一地点进行观测,不能频繁变动站址、场地,使观测资料序列不连续。因此,要求建设工程尽量避免对气象探测环境造成危害,甚至搬迁站址、场地,导致气象探测资料序列的不连续。当然,从国家发展和建设的大局出发,有些重要的建设工程虽难以避免对气象探测环境造成危害,但仍需进行的,则要按照《气象台站迁建行政许可管理办法》(中国气象局令第35号)规定流程办理报批手续。这里需要说明的是:基准气候站、基本气象站都是国家气象台站网的骨干,其探测环境都需要重点保护,且要求也更高,这些台站的站址、场地经过认真勘察选定,探测环境比较理想,而且已积累了多年的长序列资料,有些台站的资料还要参加全球交换,其探测环境如遭到破坏,造成的后果也特别严重,也会直接影响我国在国际上的良好声誉,所以规定此类情况应当事先征得气象主管机构的同意,并采取相应的措施后,方可建设。

二、**对新建、扩建、改建建设工程避免危害气象探测环境行政许可行为进行了规范**。《新建扩建改建建设工程避免危害气象探测环境行政许可管理办法》(中国气象局令第35号),对新建、扩建、改建建设工程避免危害气象探测环境行政许可行为进行了规范。具体规定是:

(一)新建、扩建、改建建设工程在大气本底站、国家基准气候站、国家基本气象站、国家一般气象站、高空气象观测站、天气雷达站、气象卫星地面站气象探测环境保护范围内时,为避免危害气象探测环境,必须经省气象主管机构行政许可。

(二)申请人提交以下材料,并对申请材料的真实性负责:

1. 新建、扩建、改建建设工程避免危害气象探测环境行政许可申请表;

2. 申请人身份信息;

3. 新建、扩建、改建建设工程与气象探测设施或观测场的相对位置示意图;

4.委托代理的,应出具委托协议。

(三)国务院气象主管机构负责全国新建、扩建、改建建设工程避免危害气象探测环境行政许可的监督管理。

(四)省气象主管机构负责本行政区域内新建、扩建、改建建设工程避免危害气象探测环境行政许可的实施和管理工作。

(五)设区的市气象主管机构或省直管县(市)气象主管机构负责本行政区域内新建、扩建、改建建设工程避免危害气象探测环境行政许可的初审和管理工作。

(六)新建、扩建、改建建设工程避免危害气象探测环境行政许可的申请由设区的市气象主管机构或省直管县(市)气象主管机构受理。

(七)设区的市气象主管机构或省直管县(市)气象主管机构应当在收到全部申请材料之日起五个工作日内,按照《中华人民共和国行政许可法》第三十二条和本办法第五条的规定作出受理或者不予受理的决定,并出具书面凭证。

(八)受理机构负责对申请材料进行初审,并组织现场踏勘。现场踏勘应当通知申请人或者其代理人到场,申请人或者其代理人应当在现场踏勘记录表上签署明确意见。

受理机构应当自受理之日起二十个工作日内将全部申请材料和初审意见报省、自治区、直辖市气象主管机构审批。

(九)省气象主管机构应当对申请材料进行全面审查,必要时可组织现场复查和专家论证。经审查符合有关法律法规和标准要求的,应当在收到全部申请材料和初审意见之日起二十个工作日内作出准予许可的书面决定;不符合要求的,作出不予许可的书面决定,并说明理由。二十个工作日内不能作出决定的,经本级气象主管机构负责人批准,可以延长十个工作日,并应当将延长期限的理由书面告知申请人。

行政许可决定作出后,应当在十个工作日内送达申请人。

(十)省气象主管机构、设区的市气象主管机构或省直管县(市)气象主管机构在审批过程中需要按照《中华人民共和国行政许可法》第四十五条规定进行技术审查(含现场踏勘)的,所需时间不计入审批时间内。

技术审查(含现场踏勘)时间一般不超过一个月。省、自治区、直辖市气象主管机构、设区的市气象主管机构或省直管县(市)气象主管机构应当将所需时间书面告知申请人。

(十一)省气象主管机构在作出许可决定前,应当告知申请人、利害关系人享有要求听证的权利。申请人要求听证的,应当自接到告知听证通知之日起五个工作日内以书面形式提出。听证程序按照《中华人民共和国行政许可法》第四十八条要求进行。

(十二)未取得新建、扩建、改建建设工程避免危害气象探测环境行政许可的,或者取得许可后不按规定进行建设,造成气象探测环境遭到破坏的,按照《气象法》第三十五条、《气象设施和气象探测环境保护条例》第二十五条予以处罚。

第四章　气象预报与服务

　　气象事业始终根植于党和国家发展大局,始终与党和国家发展同心同向、同频共振,始终坚持服务国家和人民需求与不断提高气象服务能力相统一,为促进经济社会发展、保障和改善民生、防灾减灾救灾、应对气候变化等作出了重要贡献。国务院印发的《气象高质量发展纲要(2022—2035年)》(国发〔2022〕11号)(以下简称《纲要》)中提出:气象事业以提供高质量气象服务为导向,坚持创新驱动发展、需求牵引发展、多方协同发展,加快推进气象现代化建设,努力构建科技领先、监测精密、预报精准、服务精细、人民满意的现代气象体系,充分发挥气象防灾减灾第一道防线作用。精准预报是气象业务的龙头,在气象业务链条中处于核心位置,目标是提升灾害性天气预报预警能力,提高预报预警精细化程度和准确率,发展分类、分强度的突发灾害性天气监测预警技术,完善智能数字精准无缝隙的监测预报预警系统。精细服务以精准预报为依托,目标是强化基于影响的气象服务技术和分众化智慧气象服务业务,推进气象服务数字化、智能化转型。建立气象部门与各类服务主体互动机制。

　　设立本章对加强气象预报与服务的管理,防止因多渠道发布气象预报在社会上造成不良影响,规范气象预报工作,促进天气预报业务能力和水平的不断提高,为国民经济建设和防灾减灾作出更大贡献具有重要意义。本章共五条,主要规定了气象主管机构所属的气象台站对公众气象预报和气象灾害预警信息实行统一发布制度,明确了气象预报的发布权限;其他有关部门所属的气象台站可以发布供本系统使用的专项气象预报;气象台站向同级人民政府提供气候预测和重大气象灾害分析的决策气象服务;省级气象主管机构组织开展技术研发和业务应用,致力于预报服务水平的提升;气象台站根据需要开展专业气象预报和服务工作;气象台站在确保公益性气象无偿服务的前提下,可以依法开展气象有偿服务。

第十五条 县级以上气象主管机构所属的气象台站按照职责分工、统一制作的原则,向社会公开发布公众气象预报和气象灾害预警信息,并根据天气变化情况及时补充或者订正。

省人民政府其他有关部门所属的气象台站,可以发布供本系统使用的专项气象预报。

其他任何组织或者个人不得以任何方式向社会发布公众气象预报和气象灾害预警信息。

【释义】本条规定了公众气象预报、气象灾害预警信息、专项气象预报的发布以及要求。

一、规定了公众气象预报和气象灾害预警信息由气象部门台站统一制作发布。具体内容是:

(一)本条规定"县级以上气象主管机构所属的气象台站按照职责分工、统一制作的原则,向社会公开发布公众气象预报和气象灾害预警信息,并根据天气变化情况及时补充或者订正",及时、准确地发布公众气象预报和气象灾害预警信息的职责和权利属于各级气象主管机构所属的气象台站。根据本条的规定,强调"按照职责发布",甘肃省气象部门各级机构所属的气象台站分别负责发布本责任区内的公众气象预报和气象灾害预警信息,并应根据天气变化情况及时补充或者订正。目前各级气象主管机构所属的气象台站制作的气象灾害预警信息、短时、中短期天气预报和月度气候预测,对社会公开发布。汛期、年度气候预测和延伸期预报(15～30天)主要是供各级人民政府、防汛抗旱指挥部门及有关单位内部参考,一般不作公开发布或报道。

(二)本条规定"其他任何组织或者个人不得向社会发布公众气象预报和气象灾害预警信息"。有关科研教学单位、学术团体和个人研究和探讨气象预报技术、方法应当鼓励和支持,可在气象台站制作气象预报时参考或者气象预报会商会和其他专业会上发表,但不得以任何形式向社会公开发布。商业气象公司通过网站或新媒体发布的短时、中短期预报,不具备权威性、专业性。

《气象预报发布与刊播管理办法》(中国气象局第6号令)第十条规定:媒体刊播气象预报,必须使用当地气象主管机构所属气象台站提供的实时气象预报,并注明发布台站的名称和发布时间。不应以任何形式转播、转载其他来源的气象预报。气象预报属于气象科技成果,制作和发布单位对其享有所有权,并受有关法律、法规保护。未经发布气象预报台站的同意,媒体不得更改气象预报的内容。

(三)本条所称的气象预报,是人们基于对天气、气候演变规律的认识而对未来一定时期内天气、气候变化作出的判断。气象预报包括天气预报、气候预测。就预报时效而言,有短时天气预报(0~12小时)、短期天气预报(12~72小时)、中期天气预报(72小时~14天)、延伸期天气预报(15~30天)和月、季、汛期(5—9月)、年度气候预测等。

2018年之前,天气预报的制作方式为固定站点的预报,国省两级气象台下发指导预报,地市气象台根据指导预报和数值模式预报结果开展主客观预报技术订正,每天定时上传全省县城镇精细化要素预报报文给中国气象局,全国范围内使用统一预报结论开展服务。预报要素主要包括:天气现象、最高气温、最低气温、风向、风速等。2009年前后,各市(州)及所辖县气象局开始制作辖区内乡镇精细化要素预报。基于固定站点的预报时期,预报时效为未来7天,时间间隔为逐12小时,对于云量和降水量级、相态的预报为定性分级预报。2018年起,国、省、市(州)三级气象台制作预报的方式完全从站点转向格点,空间分辨率为5千米,时间分辨率精细到3小时,预报时效延长到0~10天,预报要素增加了云量、相对湿度、能见度和强对流天气等。基于网格预报产品,按照统一的网格、站点匹配规则,可生成分县、乡镇精细化要素预报用于公众服务,根据专业气象服务的需要,可提供任意位置未来10天逐小时预报结果。预报业务技术具有客观化发展趋势,国家气象中心基于数值模式和客观预报订正技术下发网格指导预报,省级气象台用本省客观预报工具和预报员主观订正相结合,订正0~72小时全省网格预报,市(州)气象台主要订正0~24小时的网格预报,全省拼接"一张网"之后上传中国气象局,全国"一张网"拼接完后共享确保全国范围内预报服务结论的一致性。省市县各级气象台站基于统一预报结论,开展不同渠道的气象服务。"十四五"期间,中短期智能网格预报时效将进一步由10天延长到两周(14天)内。

(四)本条所称的"气象灾害预警信息"是气象台站对责任区内可能出现的暴雨、暴雪、寒潮、沙尘暴等本地气象灾害的落区、强度的预警、风险提示和防御建议。包括省级气象台(甘肃省气象局所辖的"兰州中心气象台")发布的气象灾害预警和市(州)、县(市、区)气象台发布的气象灾害预警信号。二者的区别:气象灾害预警主要针对在较大范围发生、灾害影响严重、建议启动相应级别应急响应的气象灾害事件,在时效上比预警信号有所提前,主要面向政府和决策部门,用于政府层面的应急准备和部门联动,是启动气象灾害应急响应的重要依据。气象灾害预警信号是短临预警产品,主要针对本地突发或易发气象灾害的预报预警及公众防御。省级气象台发布的气象灾害预警和市(州)、县(市、区)气象台发布的预警信号都上传"国家突发事件预警信息发布系统",全国共享。

气象灾害预警信号实行属地发布制度。未设立气象台站的县(市、区),由所属的市(州)气象台负责,不得以无实体机构的气象台站名义发布预警信号。应急部门或其他部门传播预警信号时应原文转发或引用各级气象台发送的气象灾害预警信息,不得冠名和更改内容。

甘肃省气象部门发布的预警信号共14类:暴雨、暴雪、寒潮、大风、沙尘暴、高温、干旱、雷电、雷雨大风、冰雹、霜冻、大雾、霾、道路结冰。预警信号发布用语要重点突出、简明扼要,准确描述发布单位、发布时间、灾害种类、预警信号等级、实况和发展趋势、持续时间、影响范围和气象风险提示,对外服务的文档或网页显示时附加防御指南。甘肃省气象局授权兰州中心气象台,发布暴雨、暴雪、寒潮、冰冻、霜冻、沙尘暴、高温、干旱、强对流天气等9类气象灾害预警。气象灾害预警和预警信号共同点是按照灾害强度、范围、分为蓝、黄、橙、红四级,级别依次升高。

"甘肃省短时临近预报预警系统"是甘肃省气象部门省—市县短临预警业务一体化工作平台，2022年已更新至第三代版本。以倒计时和靶向指导方式，省级气象台站依据客观智能触发的预警落区，将预警信号产品直接生成并推送至市县气象台站预报桌面，精准指导市县两级预警服务，全面监控和实时共享省市县三级预警发布实况，实现快速制作——键发布—三级联动的完整预报预警体系及流程的信息化记录和留痕管理。分区域选取判识对流天气的多要素阈值，设置淹没分析、动态河流等场景，给出分类对流天气及其灾害风险影响区的范围、强度等的三维可视化快速展示与自动报警。经两年的业务运行，使预警信息的出错率减少了约36%，预警信号制作和发布时间缩短约10~30分钟，预警提前量增加约20分钟。

省级气象信息专报、气象灾害预警为先导，提醒市（州）、县（市、区）早关注、早监测、及时发布预警信息，灾害性天气落区预报、强对流天气临近预报为基层短临预警支撑提供更多保障；市（州）、县（市、区）通过气象信息专报、临近天气提示、实况速报、预警开展递进式服务。

二、规定了其他有关部门所属的气象台站可以发布供本系统使用的专项气象预报。 国务院其他有关部门和省、自治区、直辖市人民政府其他有关部门根据本部门的实际需要，也建立了一批气象台站，如民航、水文气象台站等。这些气象台站对本部门经济建设和发展起到了积极的促进作用。根据本条规定，这些部门的气象台站可以发布供本系统内使用的专项气象预报，但是，不具备向社会公开发布公众气象预报和气象灾害预警信息的权限。

第十六条 县级以上气象主管机构所属的气象台站应当向同级人民政府提供年景、干旱趋势及重大气象灾害的分析、预测，为工农业生产和防灾减灾决策做好气象服务工作。

牧区气象台站应当根据牲畜越冬、转场、产羔育幼等牧业生产需要，做好气象服务工作。

> 【释义】本条规定了气象台站开展气候预测和重大灾害分析决策气象服务的职责,以及根据当地牧业生产需求开展特色专业气象服务。

一、本条第一款规定气象台站应向同级人民政府提供决策气象服务。县级以上气象主管机构所属的气象台站应当向同级人民政府提供年景、干旱趋势及重大气象灾害的分析、预测,为工农业生产和防灾减灾决策做好气象服务工作。气象部门预测年景、干旱趋势发布气候预测和延伸期预报产品。气候预测是对月、季、年到年代际的偏离气候平均值的变化或变率的预判。预测对象一般分为平均值、总量、距平,或者预报时段内的倾向、趋势、等级、概率等。延伸期预报(15~30天)主要预报重大天气过程,降水、气温趋势、距平。灾害性天气过程发生前,气象机构所属台站随着预报时效推移开展递进式服务,过程中开展监测、预报、预警,过程结束后开展过程影响评估分析,制作决策气象服务产品报同级人民政府。

自2010年甘肃省预报预测业务调整改革试点后,全省分县气候预测业务由兰州区域气候中心承担,市(州)、县(市、区)气象局开展气候应用服务。兰州区域气候中心定期发布《气候预测公报》产品。

"十四五"期间,甘肃省气象部门将完善次季节灾害性天气预测业务,提升或拓展次季节强降水、高温、寒潮等灾害性天气过程的发生频率和转折期预测能力,提高面向流域和极端气候灾害的精细化预测能力。发展客观化智能推送预测业务,进一步提升次季节—年际尺度气候预测业务能力。形成西北地区25千米、局部5~10千米分辨率的次季节(11~60天)气候预测产品。月、季气候预测准确率较"十三五"提升3%。完善区域性沙尘暴、春季第一场透雨、连续性强降水、干旱、持续性高(低)温等高影响天气气候事件的客观化预测业务,发展霜冻、倒春寒、春末夏初干旱、伏旱、干热风、连阴雨等农业气象灾害和关键农时季节气候事件的区域特色客观化预测业务。气候预测业务向气候生态环境区、能源、交通等行业及关键经济区拓展。建立具有区域特点、满足地方服务需求的专业化、特色化预测业务,发布精细化的确定性和概率性预报产品。

气候预测的技术方法研究方向:发展基于可预报信号挖掘的次季节气象要素网格预测算法。研究基于旋转正交分解、主成分分析、聚类分析等方法的西北区及甘肃省降水、气温场气候客观分区技术。研发前兆信号和数值模式不确定性特征的概率性预报误差订正技术和降水概率预测技术。基于次季节—季节多模式可视化系统,研发基于S2S模式系统的次季节(11~60天)智能集合预测技术,发展基于多模式集成的次季节气象要素网格预报技术。发展基于多模式的客观化月、季节预报算法。依托国家气候中心新一代气候系统模式(BCC-CPSv3)、次季节—季节多模式可视化系统及本地区域气候模式,开展西北区和甘肃省月—季尺度的面向数值模式、客观技术方法、主观预报产品的检验评估,建立动力-统计相结合、多模式集合订正和人工智能信息挖掘等多种预报方法融合的月、季节气候预测技术。开展多时空尺度、多类别气象(趋势、过程、事件)异常综合预报技术研究。

二、本条第二款规定了牧区气象台开展保障牧业生产特色专业气象服务的要求。甘肃省牧区是我国第五大牧区,地域广阔,日照时间长,昼夜温差大,对发展特色畜牧业十分有利。盛产肉类、皮、毛、奶、羊绒等畜产品。牧草生长、家畜疫病流行等具有明显的季节性,与气象条件关系密切,尤其是干旱、暴风雪等气象灾害对畜牧业的影响更大。研究牧草生长发育与气象条件的关系,预测牧草产量和可牧牲畜的承载能力等,加强牧业气象技术研究,提升牧业气象服务水平,是牧区气象服务的关键任务和重点工作。

面向牲畜越冬、转场、产羔育幼等牧业生产需要,需关注冬春季气候预测趋势、延伸期内重大天气过程,重点防范寒潮、暴雪、大风、沙尘暴等灾害性天气。牧区气象预报服务产品需要重点注重及时性、准确性和针对性,如:牧草返青期预测分析、牧草产量趋势预报、青稞产量趋势预报、青稞产量定量预报及粮食总产趋势预报、粮食总产定量预报、农牧业气象灾害的调查与评估、半年气候评价、全年气候评价、不定期的旱情分析等。另外,遥感数据在牧区的应用,极大地提升了牧区气象观测网的分辨率,为科学开展牧区草原覆盖度监测分析、草原生态环境进行定量分析等提供可靠的实况数据,丰富了牧区气象服务产品的科技内涵,满足了牧区政府、农业农村、畜牧兽医、林草等部门对气象服务的迫切需求。

第十七条 省气象主管机构应当组织开展相关领域高新技术的研究和开发,加强雷达和卫星等技术手段在天气、气候、自然灾害以及生态环境监测等方面的应用。

【释义】本条规定对气象台站提高预报服务技术水平提出要求。

省级气象主管机构组织预报服务相关领域高新技术的研发,是提供高质量气象服务的基础。"纲要"中提出构建精准预报系统要逐步形成"五个1"的精准预报能力:提前1小时预警局地强对流天气、提前1天预报逐小时天气、提前1周预报灾害性天气、提前1月预报重大天气过程、提前1年预测气候异常。

气象科技创新以气象雷达和卫星遥感数据产品应用为重点。天气雷达能明显改善中小尺度天气系统观测能力,对于提高强对流等灾害性天气的预报准确性具有不可替代的作用。加强卫星遥感资料在数值预报、天气分析、气候变化、资料再分析、专业气象等重点领域应用。

甘肃省气象局支持"甘肃省对流性暴雨预报预警关键技术创新团队"和"西北区域数值预报创新团队"发展,针对强对流天气监测预警关键技术和区域数值模式进行攻关。出版专著《甘肃强对流》,出台了一项甘肃省地方标准《短时强降水等级》。构建高原边坡复杂地形下雷达回波外推模型,开展基于准稳定移动窗口的地理地形因子实时动态调整降水量估测订正算法研究,发展分钟级降水预报业务。开展滚动订正技术及业务试用,研发的强对流天气预报客观技术在第二届智能预报技术大赛中获得强对流天气预报单项第9名。

打磨业务技术创新团队"利剑"。每年吸纳市(州)骨干预报员到省台开展为期六个月的客座交流,参与团队技术研究,掌握业务最新进展。外部借力大气科学联合研究中心,在灾害性天气自动识别、报警、大数据分析方面有所突破。建立天气气候复盘总结机制,制定《甘肃省气象局重大天气气候事件复盘总结办法》。十余年来,在灾害性天气多发期,组织召开全省沙尘、强对流天气、暴雨等重大天气过程总结和预报技术经验视频交流会,及时总结预报技术难点和服务心得。为强化预报员对重大天气气候事件机理的认识和理解,结合业务技术改革,增加客观预报技术和递进式服务流程复盘。每两年组织举办一届甘肃省天气预报技能竞赛,选拔优秀选手参加全国气象行业天气预报技能竞赛,有效激励和推动了甘肃省气象预报员技术岗位练兵和预报技能的提高。

抓住研究型业务建设契机,充分利用和推广气象现代化建设成果,并对现有预报技术和预报分析平台进行有针对性的完善和深度开发,逐步提高气象预报会商和业务流程的智能化水平,同时开展年轻预报员多岗位交流,提高其预报准确率和预报服务水平。

第十八条 县级以上气象主管机构所属的气象台站应当根据需要,发布农业气象预报、城市环境气象预报、火险气象等级预报等专业气象预报,并配合军事气象部门进行国防建设所需的气象服务工作。

【释义】本条规定了各级气象主管机构所属的气象台站发布专业气象预报的职责。

一、专业气象服务是适应国民经济和社会发展各领域特定和个性化需求提供的气象服务。 专业气象服务是为满足人民美好生活需要,适应各领域特定和个性化需求提供的气象服务,是中国特色现代气象服务体系的重要组成部分,关乎气象工作全局,关乎国家发展大局。推动专业气象服务改革发展是深化气象服务供给侧结构性改革的关键举措,是推进气象科技创新的必由之路,是破解部门发展难题、促进气象事业持续稳定发展的重要抓手。2019 年,中国气象局印发了《大力促进气象部门专业气象服务改革发展的意见》(气发〔2019〕88 号),提出:专业气象服务发展成为新时代气象现代化的新增长极、气象科技创新的试验田、气象融入经济社会发展的主战场。气象事业单位可在确保公共气象服务目标完成前提下,依托自身技术优势,参与和主业相关的市场竞争。

《甘肃省气象条例》要求各级气象主管机构所属的气象台站应当根据需要,发布农业气象预报、城市环境气象预报、火险气象等级预报等专业气象预报,并配合军事气象部门进行国防建设所需的气象服务工作。

二、本条规定的农业气象预报,是针对农业生产需要而制作发布的专业气象预报。农业气象预报主要包括播种期预报、物候期预报、土壤水分预报、农作物和牧草产量预报、病虫害预报、农业气象灾害预报以及农用天气预报等。按照天气预报向影响预报和风险预警转变的发展趋势,农业气象预报应在气象部门和农业部门共享作物种植分布、设施工业产业分布等信息基础上,联合开展关键气象要素对农业影响研究,提供天气气候对农业影响的预估和评估。

甘肃省自然条件严酷,农业基础薄弱,气象灾害发生频次高、程度重,是影响农业生产的主要因素之一,尤以干旱、冰雹、低温冻害最为显著。全球气候变暖背景下,极端天气气候事件呈增多、增强态势,甘肃省气象灾害时空分布和发生规律呈现出复杂化、多样性及多灾种叠加的新特点和新影响,给甘肃省农业生产带来的风险越来越大,农业气象灾害防御形势不容乐观。此外,草地贪夜蛾、小麦条锈病、白粉病、蚜虫,马铃薯晚疫病等农作物病虫害的发生发展也与气象条件密切相关。

三、本条规定气象台站应当发布城市环境气象预报。主要包括空气污染气象条件预报、空气清洁度预报、紫外线强度预报、人体舒适度预报、医疗健康气象预报、花粉浓度预报以及大雾、雷电、旅游气象预报等。这些预报形式多样、贴近群众生活,受到了广大人民群众的欢迎,并产生了良好的社会效益。

四、本条规定气象台站应当发布火险气象等级预报。包括城市火险气象等级预报、森林火险气象等级预报以及草场火险气象等级预报等。其中城市火险气象等级预报是气象台站近几年新开展的。火险气象等级预报对于提高我国城市、森林(草场)防火工作的水平,保护人民生命财产安全,更好地保护我国珍贵的森林资源具有十分重要的意义。

第十九条 气象台站在确保公益性气象无偿服务的前提下,可以依法开展气象有偿服务。

【释义】本条是关于气象有偿服务的规定。

本条明确规定了气象台站可以依法开展气象有偿服务,为气象台站开展气象有偿服务提供了地方性法规依据。在本条例中对气象有偿服务作出明确规定主要是考虑到,虽然气象事业主要由财政投资,公益性的气象服务应当是无偿的,但是随着经济和社会的发展,对气象服务的需求范围也不断扩大,单一的公益性气象服务已经不能满足对气象服务的特殊需求,为了开拓气象服务领域,应当允许在一定范围内依法从事专业气象有偿服务,这将有利于气象事业的发展和弥补气象工作经费的不足。作出这一规定也是符合当前的法律体系、改革要求和部门实际的。

需要说明的是,本款规定的"公益性无偿气象服务",是指国家财政和专项经费所支持的气象服务,主要包括:一是为县级以上人民政府发展经济、组织防灾抗灾提供的气象服务;二是为县级以上人民政府的计划、统计部门编制计划、年报等提供的内部服务;三是为国防、军事活动和其他特殊任务提供的天气预报;四是按照有关规定为社会公众提供的天气预报和预警信息;五是其他公开发布的天气、气候公报等。"气象有偿服务"的范围就是除了公益性气象无偿服务范围以外,按照合同形式签订的专门气象服务。

1985年经国务院批准,气象事业单位在做好公益服务的前提下,按用户的需求,开展专业有偿服务。一直以来,各级气象台站通过开展气象有偿服务,进一步适应社会主义市场经济体制发展的需要,促进气象科技向现实生产力的转化,提高用户的经济效益,在一定程度上弥补了财政拨款的不足。2000年1月1日实施的《气象法》第三条第四款明确规定"气象台站在确保公益性气象无偿服务的前提下,可以依法开展气象有偿服务"。2000年8月17日,《甘肃省物价局关于正式核定气象服务收费标准的批复》(甘价费〔2000〕195号),核定了专业天气预报警报、农业气象预报、气象情报、气象资料、技术咨询转让服务、计算机服务、气象仪器转让、人工影响天气、其他气象服务等八个方面,共计82项气象服务收费标准。同时,《甘肃省物价局关于调整避雷装置安全检测收费标准的批复》(甘价费〔2000〕111号)、《甘肃省物价局关于规范防雷装置安全检测收费的通知》(甘价费〔2009〕251号)、《甘肃省发展和改革委员会关于防雷装置安全检测收费的批复》(甘发改收费〔2014〕1489号),分别核定了防雷装置安全检测等收费标准。2016年,《甘肃省发展和改革委员会关于废止部分服务收费政策文件有关问题的通知》(甘发改收费函〔2016〕5号),规定从2016年7月1日起,废止气象服务收费标准。2019年,国家发展改革委印发《关于进一步清理规范政府定价经营服务性收费的通知》(发改价格〔2019〕798号),规定"放开机动车检测类、气象服务类、地震安全评价类等收费项目"。

目前,气象服务已经完全向市场开放,任何合格市场主体都可以向社会提供相关气象服务。但是根据法律法规和发改委最新《市场准入负面清单》,气象预报和气象灾害预警信息只能由气象台站发布;从事防雷装置检测服务应当取得气象主管机构颁发的《雷电防护装置检测资质证》;从事气象信息服务应当在企业注册地省级气象主管机构备案;从事人工影响天气应当符合气象主管机构规定的相关条件;开展气候可行性论证和气象灾害风险评估服务所使用的气象资料应当由气象台站提供或经气象主管机构审核。此外,从事气象服务应当遵守国家制定的气象技术标准、规范和规程。

那么,目前气象台站如何开展气象有偿服务呢?根据国务院令《事业单位登记管理暂行条例》第二条第二款规定"事业单位依法举办的营利性经营组织,必须实行独立核算,依照国家有关公司、企业等经营组织的法律、法规登记管理"。所以,全省各级气象主管机构下属事业单位依法成立的气象服务企业可以通过公平的市场竞争从事气象有偿服务。此外,《中共中央 国务院关于分类推进事业单位改革的指导意见》规定"9. 细分从事公益服务的事业单位。根据职责任务、服务对象和资源配置方式等情况,将从事公益服务的事业单位细分为两类:承担义务教育、基础性科研、公共文化、公共卫生及基层的基本医疗服务等基本公益服务,不能或不宜由市场配置资源的,划入公益一类;承担高等教育、非营利医疗等公益服务,可部分由市场配置资源的,划入公益二类"。由此可见,事业单位分类改革完成后,气象主管机构下属的公益二类事业单位,也可以通过公平的市场竞争从事气象有偿服务。

第五章 气象灾害防御与气候资源利用

气象灾害防御是指气象部门对气象灾害的监测、预报、预警,以及政府部门及社会公众为预防气象灾害而采取的相应措施。《甘肃省气象灾害应急预案》明确了应对甘肃省境内的气象灾害的组织指挥机构和职责、应急响应标准和流程等,队伍、通信、交通、物资、资金、治安、医疗和技术应急保障均有分工。

甘肃省是全国气象灾害种类最多,发生最频繁,损失最严重的省份之一,防御气象灾害是发展经济的必经之路,准确、及时的气象预报预警为防御气象灾害提供决策依据和作业时间,对保障经济建设顺利发展和保护人民生命财产安全具有重要的作用。坚持以人为本、预防为主、防治结合的方针,依靠科技、依靠法制、依靠群众,统筹规划、分类指导推进气象灾害防御水平提升,促进甘肃省经济社会持续和谐发展。

国家生态文明建设、防灾减灾、乡村振兴、应对气候变化和"碳达峰""碳中和"等重大战略方针的实施,都与气候资源工作息息相关,都蕴含着对气候资源服务的巨大需求和更高的期待。《气象高质量发展纲要(2022—2035年)》对风能、太阳能、农业、旅游、生态等气候资源合理开发利用、气候可行性论证提出了具体要求,国家减缓和适应气候变化、保护自然环境、优化能源结构、保障能源安全、维护生态平衡、建设现代综合交通运输体系、构建新型城镇化和宜居城市、韧性城市、智慧城市、城乡绿色发展等,都需要进一步提高气候资源尤其是气候可行性论证支撑能力,全面提高气候资源保障水平。

本章气候资源利用共两条,明确了县级以上人民政府应当编制气候资源开发利用和保护规划并组织实施,统一部署一定时期内气候资源开发利用方向和保护工作重点;规定了气象主管机构的职责是根据人民政府关于气候资源开发利用和保护的规划提出开发利用、保护气候资源和推广应用气候区划的建议;县级以上气象主管机构应当组织对国土空间规划、国家重点建设工程、重大区域性经济开发项目、生态保护修复项目和大型太阳能、风能等气候资源开发利用项目进行气候可行性论证;开展大气环境影响评价和气候可行性论证时,应当使用符合国家气象技术标准的气象资料。

第二十条 县级以上人民政府应当建立气象灾害监测和预警系统,建立健全气象灾害防御体系。

【释义】本条规定了县级以上人民政府在气象灾害防御工作中的主要责任和义务。

甘肃省暴雨、暴雪、雷雨大风、冰雹、强对流等灾害性天气局地性强、突发性强、预见期短,防御难度大。特别是各县、农村、山区等基层地区,由于地理位置偏远、基础设施薄弱、科学技术落后等因素,是灾害防御的薄弱地区,是整个防灾减灾工作的"短板",加强气象防灾减灾基础设施建设,增强气象防灾减灾能力,提高气象防灾减灾效益,是各级人民政府的职责所在。没有现代化的监测、预警系统,就不能有效地防御和减轻气象灾害造成的损失,加强气象灾害监测、预警系统建设是县级以上人民政府的责任和义务。

甘肃省气象部门大力推进农村气象灾害防御体系建设,不断提升基层气象灾害防御能力。县级以上人民政府全面推动基层防灾减灾能力建设,落实气象灾害防御主体责任,强化项目带动作用,深化部门应急联动机制,合力探索开展"行业+气象"的智慧服务,将气象灾害防御深度融入各行业大应急体系,积极为甘肃省防灾减灾工作发挥第一道防线作用。

本条所称的气象灾害监测、预警系统,是指根据当地灾害性天气发生发展的特点和气象防灾减灾的特殊需要建立的灾害性天气监测、预报、预警信息服务系统。包括中尺度灾害性天气监测网(含气象自动监测网、雷达监测网)和短时、临时灾害性天气预报、预警、服务系统等。

第二十一条　县级以上气象主管机构所属的气象台站应当严密监测干旱、冰雹、暴雨(雪)、大风、沙尘暴、寒潮、霜冻、低温、高温、雷电、干热风等重大灾害性天气,并将监测信息及时报告当地人民政府。

【释义】本条规定了各级气象主管机构及其所属的气象台站在防御气象灾害工作中的职责。

一、对县级以上气象主管机构在气象灾害防御中的职责作出了明确规定。具体内容是:

(一)县级以上气象主管机构所属的气象台站应组织开展对重大灾害性天气的跨地区、跨部门的联合监测、预报工作。当灾害性天气发生时,按照联防协作规定,打破省、区和部门的界限,上游气象台站要及时向下游气象台站通报天气实况和灾害性天气变化的信息,加密天气监测,及时组织不同形式的天气会商,共同做好灾害性天气的监测、预报、预警和服务等。长期以来,各级气象主管机构所属的气象台站始终坚持联防协作,取得了很好的效果,并制定了相应的规定加以规范化。1993年国家气象局颁布实施的《汛期气象服务规定》和1995年中国气象局颁布实施的《气象服务工作规定》中,对联防协作均做了相应的规定。如在《气象服务工作规定》第十条规定:"各级气象台站应当加强天气预报服务联防,上级气象台站有责任指导下级气象台站,天气系统上游地区的气象台站应当为下游地区的气象台站提供重要天气信息,协助下游地区的气象台站做好灾害性、关键性、转折性天气的预报服务。"

(二)县级以上气象主管机构应当及时将监测预警信息报告当地人民政府,并提出气象灾害防御措施,为本级人民政府组织防御气象灾害提供决策依据。长期以来,各级气象主管机构始终把为各级党政领导提供准确、及时的气象服务和为政府提出气象防灾减灾的建议措施作为自己重要的职责。各级人民政府及有关部门也始终把各级气象主管机构提供的重大灾害性天气预报服务和防御措施作为政府组织防灾减灾的重要决策依据。

二、**准确、及时地做好灾害性、关键性和转折性天气的监测、预报、服务和气象灾害防御。**《汛期气象服务规定》《气象服务工作规定》等均对各级气象台站如何做好重大灾害性天气的监测、预报、服务工作作了明确的规定。

为了加强部门间的合作，充分发挥各部门的优势，发挥所有气象台站和有关的单位在气象防灾减灾工作中的作用，为各级政府防灾救灾提供更加完整、准确的决策依据，县级以上气象主管机构所属的气象台站应当及时向气象主管机构提供监测、预报气象灾害所需要的气象探测信息和有关的水情、风暴潮等监测信息，这一规定对做好气象灾害防御也是十分必要的。

第二十二条 各级人民政府和有关部门在气象灾害发生后，应当及时采取抢救措施，组织抗灾救灾，并调查核实气象灾情，报告上级人民政府和有关部门。

【释义】规定了各级人民政府和县级以上气象主管机构在发生气象灾害后的主要职责。

一、**气象灾害及等级**。气象灾害是指由气象原因直接或者间接引起的，给人类和社会经济造成损失的灾害现象。包括干旱、暴雨、冰雹、沙尘暴、大风、霜冻、连阴雨、高温、干热风、雷暴、雾、暴雪（雪灾）、低温冰冻等13种灾害种类，以及由气象因素引发的地质灾害、森林火灾、农林病虫害等衍生或次生灾害。

气象灾害评估分级处置标准，按照人员伤亡、经济损失的大小，分为特大型、大型、中型、小型4个等级。

各级气象部门通过设立气象信息员，实地采集数据或从政府和应急管理、自然资源、交通运输、水利、农业农村等有关部门及时获取灾情及影响数据，灾情数据来源应确保合法可靠。气象灾害调查评估种类，主要有干旱、暴雨（雪）、强对流、连阴雨、霜冻、寒潮、强降温、高温、低温、大风、沙尘暴等天气或气候原因造成的直接的或间接的重大气象灾害事件。

二、**气象灾害评估**。各级气象主管机构要在保障安全的情况下，积极开展气象灾害现场调查和评估。发生灾情后，在立即进行灾情收集上报的同时，凡是发现灾害等级达到小型及以上时，应当向上级气象主管机构汇报。上级气象主管机构在收到灾情等级报告后，根据以下分工开展现场调查和评估：县区气象局负责小型气象灾害现场调查评估；市（州）气象局负责中型气象灾害现场调查（县（区）气象局参与）和评估；省气象局负责大型气象灾害现场调查（市（州）、县（区）气象局参与）和评估；并协助中国气象局进行特大型气象灾害现场调查（市（州）、县（区）气象局参与）和评估。

各级气象主管机构要根据气象预报预警的灾害强度、影响范围和对象等，对可能造成的灾害进行预评估。对影响时间比较长的灾害，如干旱、连续性暴雨等，还应当滚动进行灾中评估。

三、**气象灾害评估方法**。气象灾害调查评估方法，主要有现场灾情调查分析，预报预警工作评估，服务效益评估和工作改进意见等。

现场灾情调查分析。包括灾害发生起止时间、灾害种类、受灾范围、主要灾情（包括文字、图片、录像等）、灾情来源、灾情服务和单位等。

预报预警工作评估。包括天气气候、雷达、云图等分析，预报预警、应急预案、灾情服务、领导批示等情况总结；

服务效益评估。包括预报预警服务概述、服务内容和方式、用户反馈意见（如农业、交通、电力、防汛等预防措施、减少损失、建议等）、社会评价（如新闻媒体报道等）、政府领导评价等。

县级以上气象主管机构应当对重大气象灾害作出评估。在重大气象灾害发生之后，各级气象主管机构要及时组织力量根据国家确定的灾害性天气标准，对重大灾害性天气的种类、强度、影响的范围等进行科学地调查和评估，为政府有效的防灾、减灾和救灾提供科学的决策依据。重大灾害损失的评估根据国家分工由各级政府及有关部门组织力量进行调查和评估，各级气象主管机构应当参与重大气象灾害经济损失的调查和评估。

四、**气象灾害评估报告**。气象灾情调查和评估报告，应当在灾害性天气过程结束后10日内完成。除了形成正式文件外,还应当提供能反映现场真实情况的其他信息,并建立重大气象灾情档案。并应及时上报本级人民政府和上级气象业务主管部门。各级气象主管机构接受新闻媒体采访时,应当客观、准确、正面反映气象预报服务情况,气象灾情数据以政府灾情管理部门公布数据为准。

灾情上报采取分级负责制。灾情收集、上报、普查、评估人员应具备较好的气象灾害业务知识和技能,并进行相应培训。各级气象部门将气象灾情的收集上报调查和评估工作纳入日常业务工作。对于迟报、漏报气象灾害信息以及未在规定时间内补充核实气象灾害信息的,给予通报批评,造成严重后果或者产生较大社会影响的,给予行政处分。

第二十三条 县级以上人民政府应当合理布局和建设人工影响天气作业点,制定人工影响天气工作计划,建立相应的协作制度,并组织实施。

县级以上气象主管机构在本级人民政府的领导下负责人工影响天气作业的实施和管理。民航、通信、交通、公安等部门应当提供必要的条件和保障。

实施人工影响天气作业的组织,应当具备省气象主管机构规定的条件,并使用符合相关技术标准的作业设备,遵守作业规范。

人工增雨(雪)和防雹等所需经费由地方人民政府或者委托方承担。

【释义】本条规定县级以上人民政府、各级气象主管机构以及有关部门、有关组织在人工影响天气工作中的职责。

一、本条第一款规定了县级以上人民政府在人工影响天气工作中**的职责**。甘肃省是西部农业大省,同时,在国家生态建设中具有重要战略地位。甘肃省气象灾害种类多,发生频率高,特别是干旱、冰雹、霜冻、沙尘暴等,严重影响了甘肃省农业发展和生态文明建设。甘肃省河西降水稀少,属干旱区;河东为雨养农业区,既是气候变化敏感区,又是生态环境脆弱带,地表水可利用的空间很小,地下水没有潜力可挖。水资源短缺不仅严重影响了工农业生产,而且使城市居民生活用水和生态用水也受到威胁。

人工影响天气是农业增雨抗旱、防雹减灾等的重要保障,也是依靠科技开发气候资源、缓解水资源短缺和保护生态环境的重要手段。现阶段,甘肃省人工影响天气以人工增水和人工防雹为主,还包括人工消云减雨、人工防霜冻等。服务领域随着经济社会发展与防灾减灾的需求逐渐拓展,包括农业抗旱减灾、云水资源开发、江河湖泊蓄水、生态文明建设、森林草原防火、重大活动保障、改善空气质量等。

人工影响天气工作涉及面比较广,需要多个部门的合作与协调。目前甘肃省人工影响天气工作协调机制还不健全,从而影响了人工影响天气工作的总体效益。因此,《甘肃省气象条例》规定了县级以上人民政府对人工影响天气工作的领导职责,强调县级以上人民政府应当根据本地的实际情况,有组织、有计划地开展人工影响天气工作,以保证人工影响天气工作的正常顺利进行。

二、本条第二款规定了各级气象主管机构和有关部门在人工影响天气工作中的职责。人工影响天气工作是气象灾害防御工作的重要组成部分,它属于大气科学的范畴,是云雾物理学在气象工作实践中的具体应用,通过科技手段对局部大气的物理过程进行人工影响,实现增雨雪、防雹、消雨、消雾、防霜等目的的活动。为了有效地开展人工影响天气作业,达到防灾减灾的目的,本条明确了各级气象主管机构的职责,即"县级以上气象主管机构在本级人民政府的领导下负责人工影响天气作业的实施和管理"。强调各级气象主管机构在人工影响天气工作中的职责,以保障人工影响天气工作在防御气象灾害中作用的充分发挥。

人工影响天气作业的具体实施需要多部门和多单位(如民航、通信、交通等)的合作,而且随着人工影响天气工作的不断发展,在实施人工影响天气过程中,更需要有关部门的配合与合作。因此,十分有必要在《甘肃省气象条例》中明确规定有关部门应当按照职责分工,配合气象主管机构做好人工影响天气的有关工作,以保障人工影响天气工作的正常进行。

三、**本条第三款规定了人工影响天气作业的安全管理。**人工影响天气是一项高科技工作,开展人工影响天气作业需要使用飞机、火箭、高炮等作业工具,对安全性要求比较高,需要具有掌握科学知识的技术人员和安全的技术手段,科学地确定作业地点。本条明确规定实施人工影响天气作业的组织必须具备省气象主管机构规定的条件,以便依法加强对人工影响天气作业的管理。由于实施人工影响天气作业涉及航空器飞行安全以及其他作业工具的安全使用和管理,涉及公民的生命财产的安全等,因此,在本条中强调从事人工影响天气作业必须使用符合国务院气象主管机构要求的技术标准的作业设备,遵守作业规范。至于本条规定的有关具体要求,在今后制定行政法规时还要进一步明确。

四、**本条第四款规定了人工影响天气作业所需经费来源。**人工影响天气是基础性、公益性事业,近年来在甘肃省服务农业生产、缓解水资源紧缺、防灾减灾、保护生态以及保障重大活动等方面发挥了重要作用。2020年,印发的《国务院办公厅关于推进人工影响天气工作高质量发展的意见》(国办发〔2020〕47号)明确"将人工影响天气工作相关经费列入政府预算"。同时,也在探索建立完善农业、林草、烟草、水务、保险等主要受益行业对人工增雨防雹的长效投入机制。因此在《甘肃省气象条例》中明确:"人工增雨(雪)和防雹等所需经费由地方人民政府或者委托方承担。"以支持人工影响天气能力建设、业务运行和作业保障、应用研究和特色技术研发等。

第二十四条 县级以上人民政府应当全面落实防雷安全责任,加强对防雷安全工作的领导,督促有关部门依法履行防雷安全监管职责。

县级以上气象主管机构和房屋建筑、市政基础设施、公路、水路、铁路、民航、水利、电力、通信、核电等建设工程的主管部门应当按照职责分工,加强防雷管理和安全监管。

【释义】 本条是关于防雷安全管理的规定。

一、**本条第一款规定了县级以上人民政府的防雷安全责任**。主要设立依据为《中华人民共和国安全生产法》第九条第一款"国务院和县级以上地方各级人民政府应当加强对安全生产工作的领导,建立健全安全生产工作协调机制,支持、督促各有关部门依法履行安全生产监督管理职责,及时协调、解决安全生产监督管理中存在的重大问题";以及《国务院关于优化建设工程防雷许可的决定》(国发〔2016〕39号)规定的"地方各级政府要继续依法履行防雷监管职责,落实雷电灾害防御责任"。该款对县级以上人民政府的防雷安全责任进行了规定,实践中,各级人民政府要切实加强对防雷安全工作的组织领导,严格落实防雷减灾责任制,把防雷安全纳入安全生产工作统筹部署;建立健全与防雷减灾事权相匹配的公共财政保障机制,加大对防雷安全监管的投入,切实保障防雷安全监管经费落实到位;要将防雷安全纳入安全生产考核体系,系统推进防雷减灾各项工作;督促气象、住建、交通、水利、工信等有关部门依法履行防雷安全监管职责。

二、**本条的第二款规定了各有关部门的防雷安全责任**。《国务院关于优化建设工程防雷许可的决定》(国发〔2016〕39号)规定"整合部分建设工程防雷许可(一)将气象部门承担的房屋建筑工程和市政基础设施工程防雷装置设计审核、竣工验收许可,整合纳入建筑工程施工图审查、竣工验收备案,统一由住房城乡建设部门监管,切实优化流程、缩短时限、提高效率。(二)油库、气库、弹药库、化学品仓库、烟花爆竹、石化等易燃易爆建设工程和场所,雷电易发区内的矿区、旅游景点或者投入使用的建(构)筑物、设施等需要单独安装雷电防护装置的场所,以及雷电风险高且没有防雷标准规范、需要进行特殊论证的大型项目,仍由气象部门负责防雷装置设计审核和竣工验收许可。(三)公路、水路、铁路、民航、水利、电力、核电、通信等专业建设工程防雷管理,由各专业部门负责";同时规定"各相关部门要按照谁审批、谁负责、谁监管的原则,切实履行建设工程防雷监管职责,采取有效措施,明确和落实建设工程设计、施工、监理、检测单位以及业主单位等在防雷工程质量安全方面的主体责任"。

实际工作中,各有关部门按照"谁审批、谁负责、谁监管"原则,切实履行好防雷安全监管职责:

气象部门负责雷电灾害防御工作的组织管理。负责油库(含加油站)、气库、弹药库、化学品仓库、烟花爆竹、石化等易燃易爆建设工程和场所,雷电易发区内的矿区、旅游景点或者投入使用的建(构)筑物、设施等需要单独安装雷电防护装置的场所,以及雷电风险高且没有防雷标准规范、需要进行特殊论证的大型项目的雷电防护装置设计审核和竣工验收的许可,履行相关生产经营单位的防雷安全监管职责。做好雷电灾害监测预报预警服务,组织开展雷电灾害调查鉴定。

住房城乡建设部门负责将房屋建筑工程和市政基础设施工程的雷电防护装置设计审核、竣工验收等整合纳入建设工程施工图审查、竣工验收备案,履行相关领域的防雷安全监管职责。

公路、水路、铁路、民航、水利、电力、核电、通信等专业建设工程防雷安全管理,由各相关专业部门负责。

各相关部门要加强防雷监管执法能力建设,建立健全多部门联合执法检查协作机制和安全检查、雷电灾情等信息共享机制,实施协同监管,形成监管合力。

第二十五条 从事升放无人驾驶自由气球或者系留气球的单位,应当按照规定取得相应资质证书。

进行升放无人驾驶自由气球或者系留气球活动,应当经县级以上气象主管机构会同有关部门批准,不得影响航空飞行安全。

【释义】该条是关于升放无人驾驶自由气球或者系留气球的规定。

一、关于升放无人驾驶自由气球或者系留气球的概念。根据国务院、中央军委《通用航空飞行管制条例》第三十一条的规定,无人驾驶自由气球,是指无动力驱动、无人操纵、轻于空气、总质量大于 4 千克自由飘移的充气物体;系留气球,是指系留于地面物体上、直径大于 1.8 米或者体积容量大于 3.2 立方米、轻于空气的充气物体。

二、关于升放无人驾驶自由气球或者系留气球资质。《升放气球管理办法》(中国气象局第 36 号令)第六条规定"对升放气球单位实行资质认定制度。未按规定取得《升放气球资质证》的单位不得从事升放气球活动。"第七条规定"申请升放气球资质的单位应当具备下列条件:(一)有独立的法人资格;(二)有固定的工作场所,危险气体的运输、使用和存放必须符合国家规定;(三)有四名以上作业人员,其中至少有一名具有相关专业中级以上技术职称的人员;(四)有必需的器材和设备;(五)有健全的安全保障制度和措施。"

三、关于升放无人驾驶自由气球或者系留气球活动审批。国务院、中央军委《通用航空飞行管制条例》第三十三条规定"进行升放无人驾驶自由气球或者系留气球活动,必须经设区的市级以上气象主管机构会同有关部门批准。具体办法由国务院气象主管机构制定"。《升放气球管理办法》(中国气象局第 36 号令)第十三条规定"升放气球活动实行许可制度。升放气球单位升放无人驾驶自由气球至少提前五日、升放系留气球至少提前两日,向升放所在地的县级以上地方气象主管机构(以下简称许可机构)提出申请,并按要求如实填写升放气球作业申报表。"第十八条规定"升放气球必须符合下列安全要求:(一)储运气体及充灌、回收气球必须严格遵守消防、危险化学品安全使用管理等有关规定;(二)升放气球的地点应当与高大建筑物、树木、架空电线、通信线和其他障碍物保持安全的距离,避免碰撞、摩擦和缠绕等;(三)在升放气球的球体及其附属物上必须设置识别标志;(四)升放气球必须符合适宜的气象条件;(五)系留气球升放的高度不得高于地面 150 米,但是低于距其水平距离 50 米范围内建筑物顶部的除外;(六)升放系留气球必须确保系留牢固;(七)系留气球升放的高度超过地面 50 米的,必须加装快速放气装置。"

第二十六条 县级以上人民政府应当编制气候资源开发利用和保护规划并组织实施。气象主管机构根据规划提出开发利用、保护气候资源和推广应用气候区划的建议。

【释义】本条规定了气候资源的开发和利用。

气候资源是指能为人类经济活动所利用的光能、热量、水分与风能等，是一种可利用的再生资源，也是我国的十大自然资源之一。气候资源作为生态环境的重要组成部分，是人类生存和发展的基本条件，具有重要的生态、经济、社会效益。推进气候资源工作高质量发展是气象事业高质量发展的重要组成部分，这迫切要求持续推进气候资源保护利用能力提升。气候资源的合理开发利用对强化气象业务能力，促进气象科技创新发展有着重要的现实意义。

甘肃省气候资源优势显著，开发利用潜力大。太阳能储量大，新能源可开发量整体位居全国前列，在国家能源发展战略中占有重要地位。祁连山脉长达1000余千米，山峰平均海拔4100米以上，积雪、冰川广泛分布，是河西走廊的"天然白色水库"，且上空云水资源比较丰富。21世纪以来，甘肃省气候呈现暖湿化特征，受气候变暖影响，植被整体改善、局部退化，生态脆弱性增加；冰川积雪面积减少，雪线上升，内陆河流量增加。气候变暖变湿为振兴发展特色农业、提升区域品牌农业影响力带来了良好机遇，科学开发和利用气候资源需求迫切。本条规定了气候资源的保护和利用。

一、本条明确县级以上人民政府应当编制气候资源开发利用和保护规划并组织实施。 本条规定的气候资源开发利用和保护规划，是县级以上地方人民政府组织气象主管机构及政府有关部门共同编制的，统一部署一定时期内气候资源开发利用方向和保护工作重点的指导性文件，是政府依法加强领导，落实有关政策，协调各部门工作，动员社会力量，开发利用和保护气候资源的重要途径和手段。编制气候资源开发利用和保护规划的目的就是根据各地气候资源的特点，明确一定时期内气候资源开发利用的指导思想、原则、目标及开发利用的方向和保护的重点,以及各方面工作的任务、措施,使气候资源开发利用和保护工作在县级以上地方各级人民政府统一领导和协调下有序进行,并与本地区国民经济建设和社会发展相适应。

不同时期或者不同地区的气候资源开发利用和保护规划的编制应当因时因地制宜,力求切合实际,便于实施。在通常情况下,气候资源开发利用和保护规划应包括以下基本内容:规划编制的背景以及本地区气候资源开发利用和保护工作的现状;规划的指导思想、编制原则及规划总体目标;本地区气候资源的特点及其分析评价;开发利用和保护气候资源的重点和方向;气候资源监测、分析、评价系统建设;气候资源开发利用重点项目建设规划;气候资源保护项目建设规划;气候资源科学研究技术发展规划;气候资源开发利用与保护的宣传、教育规划等。

随着社会经济的发展,特别是农业和农村经济的发展以及区域经济的开发,气候资源开发利用和保护的规划也应随之调整,并纳入当地人民政府的国民经济和社会发展计划。

二、本条明确规定了气象主管机构在气候资源开发利用和保护中的职责。本条规定的气象主管机构的职责是根据人民政府关于气候资源开发利用和保护的规划提出开发利用、保护气候资源和推广应用气候区划的建议。主要工作内容包括发展气候可行性论证核心技术,建成面向宜居城市、海绵城市、气候适应型等城市建设以及能源、交通、生态等重大工程的气候可行性论证技术体系。建立涵盖宜居气候资源、旅游气候资源、气候生态资源和气候品质的气候资源监测与评估技术指标体系。开展"碳达峰""碳中和"目标下甘肃省风能、太阳能开发的资源储量、技术开发量和经济开发潜力分析,研究大规模清洁能源开发的经济、社会、环境效益。

(一)开展甘肃省风能太阳能资源评估。建立甘肃省风能太阳能资源月、季、年等不同时间尺度的年景评估业务,形成公报产品。面向乡村振兴中的可再生能源利用、大型清洁能源基地和河西地区大规模集中式光伏光热发电等建设需求,开展甘肃省太阳能资源详查,建成甘肃省太阳能资源数据产品,结合多源数值预报产品,通过空间降尺度和多模式快速集成技术,建立高时空分辨率的风能太阳能网格预报业务,为甘肃省太阳能资源的合理开发和高效利用提供支撑。根据不同服务属性，面向风能太阳能开发利用全流程，开展精细化气象服务。面向发电企业，开展精细化风电、光伏功率预测服务。面向电网调度，开展风能太阳能资源评估服务，提供风能太阳能资源延伸期和月季尺度的气候预测服务。面向新能源发电管理，开展气象灾害风险预警，提高防灾减灾能力，降低灾害损失。面向生态环境保护，加强新能源电场对气候环境生态效应模拟与评估，加强面向政策与行动的决策咨询服务。

（二）完善气候影响评估和气候可行性论证业务。加强气候可行性论证关键技术研发，融入新型城镇化、海绵城市和气候适应性等城市建设，完善气象风险评估、防洪排水设计、气候环境容量、城市通风廊道、工业园区区域评估、城市热岛效应评估等气候可行性论证工作，提升城乡生态保护和防灾减灾水平。推进气候可行性论证特色化业务布局，以需求为导向，结合各单位发展实际，在不同类型规划以及清洁能源利用、交通、旅游观光、电力设施、化工、农牧业调整等重大工程和区域性经济调整的气候可行性论证领域，确定甘肃省重点发展方向，持续深入发展。以点带面，形成甘肃省特色化气候可行性论证业务发展布局。

（三）开展精细化农业气候资源区划与评估。基于地理信息、基础气象、智能网格等多源数据，研发精细化农业气候资源区划技术，形成全省百米级农业气候资源区划。编制主要粮食作物（玉米、小麦、马铃薯等）、特色作物（制种玉米、苹果等）精细化种植气候区划，开展干旱、霜冻等气象灾害风险区划研究，深挖农业气候资源潜力，助力种植结构调整和农业增收。开展基于气象灾害风险管理的农业气候资源精细化评估，研发主要农作物干旱、霜冻等气象灾害的评估指标体系、致灾阈值，开展作物种植区域适应性和脆弱性评价，构建模型并动态评估主要农业气象灾害风险，联合相关部门发布农业气象灾害风险预警。

（四）开展宜居宜游宜业的优质气候资源评价。打造区域气候标志服务品牌，开展甘肃省优质气候资源普查，建设甘肃省气候基础信息库，形成甘肃气候舒适度、气候旅游适宜性指数、特色农产品气候品质等甘肃省气候资源基础信息"一张图"。研发特色气候资源监测评估业务系统和特色气候品质可追溯服务平台。

第二十七条　县级以上气象主管机构应当组织对国土空间规划、国家重点建设工程、重大区域性经济开发项目、生态保护修复项目和大型太阳能、风能等气候资源开发利用项目进行气候可行性论证。

相关单位在开展大气环境影响评价和气候可行性论证时,应当使用符合国家气象技术标准的气象资料。

> **【释义】**本条规定了县级以上气象主管机构组织进行气候可行性论证的范围和使用气象资料的要求。

气候可行性论证属于国家强制性安全评估事项之一,是为满足人民美好生活需要,适应国民经济和社会发展特定需求提供的专业气象服务,关乎气象工作全局,关乎国家发展大局。充分认识规范开展涉及安全的气候可行性论证强制性评估和气候可行性论证区域评估工作是落实党中央、国务院深化"放管服"改革、优化营商环境、进一步激发市场主体发展活力的重要举措,是气象工作关系生命安全、生产发展、生活富裕、生态良好的具体体现。本条规定了气候可行性论证制度以及开展大气环境影响评价时准确的气象资料来源。

一、本条第一款明确规定县级以上气象主管机构应当组织进行气候可行性论证的范围。

(一)省级国土空间规划是国土空间开发保护利用的基础性、综合性、战略性的规划,关系到未来十五年到三十年的发展方向。国土空间规划与一地的气候特征密切相关,充分考虑水域、土地、气候、生态、环境、灾害等资源环境要素,定性定量相结合,客观评价区域资源禀赋予环境条件,识别国土空间开发利用现状中的问题和风险,做好气候可行性论证工作意义重大。因此,《甘肃省气象条例》规定:县级以上气象主管机构应当组织对国土空间规划进行气候可行性论证。这是为了提高了国土空间规划的合理性、有效性和科学性。

(二)在进行重大区域性经济开发项目和国家重点建设工程时,不合理地开垦土地、大型水利工程建设和大范围的农业结构调整以及滥伐森林,将引起自然生态系统的破坏,改变地表水、热平衡的性质,其结果是引起气候恶化,特别是局地气候的变化,表现为旱、涝、寒、热灾害加剧,甚至产生沙漠化、水土流失等严重后果。因此,本条明确:重大区域性经济开发项目和国家重点建设工程必须进行气候可行性论证,其工作由县级以上气象主管机构组织。

（三）甘肃省生态环境自然因素影响大、干旱范围广、水土资源不匹配、植被少而不均、生态承载力低、修复能力弱,是全国水土流失治理和防沙治沙的重点区域,其生态建设是确保西部大开发战略实施、涵养补给黄河水源、根治长江水患、实现下游地区经济社会可持续发展的有效保障;是阻止沙尘暴等恶劣气候环境、促进北方地区经济社会发展的前沿阵地,甘肃省生态安全对建设中国西北乃至全国生态安全屏障具有举足轻重的作用。因此,构建省、市、县三级重要生态系统保护和修复重大工程气候可行性评估体系,发展评估指标,实现对生态保护与修复气候效应的实时动态监测评估以及对生态保护和修复工程目标场景气候效应情景预估,针对重大生态保护和修复工程,开展未来气候变化影响评估和气候变化风险预估,提升气候可行性评估能力的必要性不言而喻。本条明确:生态保护修复项目必须进行气候可行性论证,其工作由县级以上气象主管机构组织。

（四）太阳能、风能是清洁可再生能源,在甘肃省具有广阔的利用前景,但是,如何充分利用这部分气象能源,需要对太阳能、风能利用地区及场址选择等进行气候可行性论证。由于太阳能、风能利用设施造价较高,一旦布局规划失策,将会造成大量浪费。因此,本条强调对大型太阳能、风能等气候资源开发利用项目必须由县级以上气象主管机构组织对其进行气候可行性论证。

二、本条第二款规定了开展大气环境影响评价和气候可行性论证时,应当使用符合国家气象技术标准的气象资料。

大中型建设项目特别是国家重点工程,投资大、建设周期长、影响面广,各项工程建设设计和规划时,都要进行气候可行性论证和工程项目的大气环境影响评价,充分考虑当地的气候平均值、极端值以及一些专门的气候指标,如风压、风振、雪压、最大降水量等,这些气候指标值是通过对多年积累的气象资料的统计、分析得出的,具有代表性、准确性、比较性。对拟建工程项目大气环境影响评价报告和设计依据中使用的气象资料如果来源不一,其准确、可靠性无法保证。在工程建设项目的大气环境影响评价与气候可行性论证中,若无严格的气象资料提供及审查制度,势必无法保证为工程建设的质量提供可靠依据和整体效益的发挥。因此,《甘肃省气象条例》明确规定:"相关单位在开展大气环境影响评价和气候可行性论证时,应当使用符合国家气象技术标准的气象资料。"

这里符合国家气象技术标准的气象资料在中国气象局第18号令《气候可行性论证管理办法》第九条规定论证机构进行气候可行性论证,应当使用气象主管机构直接提供的气象资料或者经过省、自治区、直辖市气象主管机构审查的气象资料。现有气象资料不能满足气候可行性论证需要的,应当开展现场气象探测,探测仪器、探测方法和探测环境应当遵守气象探测有关法律、法规、规章和标准、规范、规程。现场气象探测所获取的气象资料应当按照国家有关规定向国务院气象主管机构或者省、自治区、直辖市气象主管机构汇交。

《甘肃省气象灾害风险评估管理办法》第十三条规定评估机构开展气象灾害风险评估活动,应当按照有关法律、法规、规章和标准、规范、规程进行。评估机构从事气象灾害风险评估,应当使用气象主管部门直接提供或者经省气象主管部门审查合格的气象资料。现有资料不能满足气象灾害风险评估需要的,应当开展现场气象探测。现场气象探测所获取的气象资料,应当按照国家有关规定向气象主管部门汇交。气象资料使用按照《甘肃省气象局气象数据管理实施细则(试行)》规定执行。

为进一步加强和规范气候可行性论证报告审查工作,甘肃省气象局制定《气候可行性论证报告审查规程》,规程适用于甘肃省行政区域内气候可行性论证报告审查工作。依据相关法律法规、部门规章和相关标准规范,制定《甘肃省区域性气候可行性论证技术指南》,指南适用于甘肃省各类开发区、工业园区和其他有条件的区域开展气候可行性论证区域性评估工作。

第六章　气象行业管理

设立本章对加强气象行业管理，促进气象行业协调发展，优化资源配置，实现资源共享，提高气象行业的总体效益具有重要意义。本章共五条，主要规定了县级以上气象主管机构是实施行业管理的主体，各类气象台站对灾害性天气实行联防联控；公众气象预报和灾害性天气预警信息的播发或者刊登、气象预报节目的制作以及播发要求；广播、电视、报纸、电信等媒体对气象信息的使用要求；气象观测站网建设及业务规范化运行要求；气象专用计量器具使用要求。

第二十八条　县级以上气象主管机构应当通过规划、协调、指导、监督和服务，实施气象工作的行业管理。

各类气象台站应当依据资源共享的原则，加强灾害性天气联防联控，开展技术协作与交流。

> 【释义】规定了县级以上气象主管机构的行业管理职责和各类气象台站的联防联控职责。

各类气象台站指各级气象主管机构管理的开展天气监测预报预警业务的气象台，灾害性天气联防联控指上下游气象台之间关于灾害性天气发生发展趋势的监测、预报、预警信息的共享、会商。

灾害性天气的预报预警在12～72小时的短期预报时效内，主要以数值预报模式产品释用和天气学方法，结合近年来发展的人工智能算法，开展主客观结合预报，确定灾害性天气大致落区、发生时间。随着大气环流形势演变、天气系统移近本地，在短时预报（0～12小时）甚至临近预报（0～2小时）时效内，要更多运用卫星、雷达资料和本责任区上游台站实况判断系统过境时间、修正细化灾害性天气落区和强度。

一、**灾害性天气的监测预报预警**。短时临近天气预报业务的工作重点是短时强降水、冰雹、雷雨大风、龙卷、雷电、大雾等灾害性天气的监测预报预警。短时强降水是指1小时内降水量河东地区大于等于20毫米、河西地区大于等于10毫米的降水。冰雹天气一般指降落于地面的直径大于等于5毫米的固体降水过程；雷雨大风指平均风力大于等于6级或者阵风大于等于7级且伴有雷雨的天气。

二、**联防责任分工**。与相邻省邻近气象台的区域联防由兰州中心气象台和省际相邻气象台负责。区域联防主要以强对流天气监测、灾情、预报和预警信息等信息通报为主。相邻的市（州）、县气象台开展上下游气象台之间灾害性天气联防。

目前，甘肃省省、市（州）、县（市、区）气象台充分利用"甘肃省短时临近预警系统"和电话、微信等手段，共享灾害性天气实况，开展会商和短时临近预报预警产品制作。

三、**联防工作标准**。当出现下列情况之一时，相关气象台立即开展联防工作：

（一）预计本责任区内可能出现或者已经出现短时强降水、冰雹、雷电、雷雨大风、龙卷、大雾等灾害性天气，并可能影响下游地区。

（二）本责任区内出现强度45 dBZ以上的雷达单体回波，具有明显的灾害性天气回波特征，并可能影响下游地区。

（三）本责任区内出现水平尺度大于100千米，回波强度大于40 dBZ的带状回波，并可能影响下游地区。

（四）本责任区内天气雷达故障，并且预计可能出现灾害性天气。

（五）本责任区内出现洪涝、山洪或者地质灾害等较严重灾害，需要了解上游地区未来天气。

四、**灾害性天气监测**。对短时强降水、冰雹、雷暴大风的实况监测，各级气象台对监视区、警戒区、责任区内出现的灾害性天气渐次开展加强监测、判识、发布临近预报产品等开展服务。监测到责任区内出现中等强对流及以上强度的强对流天气的，通过内部共享群反馈站次数、站名、强度。

各雷达站所在地气象台调阅单站雷达产品,监测到雷达站150千米范围内达到间接监测目标及特征中任一条指标的,通过内部共享群发布截图,提醒影响地和下游台站注意警戒。

五、灾害性天气预报技术协作交流。建立并完善预报预测技术复盘总结常态化机制,针对大风沙尘、强对流、暴雨、寒潮、暴雪等典型灾害性天气,在甘肃省范围开展3~4次季节性阶段复盘总结。如有明显天气过程、极端气候事件或预报误差较大等情况,不定期组织即时复盘总结。复盘总结的内容包括:天气实况及特点、灾情情况、组织部署情况、预报预警情况、气象服务情况、应急联动情况、观测系统运行情况、预报预警检验及难点分析和服务启示共九个方面。

第二十九条 广播、电视台站和省人民政府指定的报纸,应当安排专门的时间或者版面,每天播发或者刊登公众气象预报或者气象灾害预警信息。

县级以上气象主管机构所属的气象台站应当保证其制作的气象预报节目质量。

广播、电视播出单位改变气象预报节目播发时间安排的,应当事先征得有关气象台站的同意;对国计民生可能产生重大影响的气象灾害预警信息和补充、订正的气象预报,应当及时增播或者插播。

【释义】本条规定了公众气象预报和灾害性天气预警信息的播发或者刊登、气象预报节目的制作以及播发要求。

一、规定了公众气象预报和灾害性气象预警信息的播发或者刊登要求。天气预报广播是我国最早的公众气象服务形式。从1956年6月1日开始,气象部门就通过各地人民广播电台每天定时向社会发布公众天气预报。改革开放以来,气象预报为公众服务的形式、内容、频次等都有了很大的改进和发展。从1983年开始,在中央电视台开辟了城市天气预报节目,在新闻联播节目后播出。多年来,电视天气预报节目不断改进、完善,已成为社会公众获取气象预报的主要渠道。除通过广播、电视外,气象部门还通过报刊为公众提供气象预报服务。通过广播、电视和报纸发布气象预报是公众气象服务的重要手段,也是党和政府关心人民群众的体现。为保证人民群众能收听(收看)到气象预报,明确规定了各级广播、电视台站和省级人民政府指定的报纸,应当安排专门的时间或者版面,每天播发或者刊登公众气象预报或者灾害性天气预警信息。

二、规定了气象预报节目制作要求。电视天气预报是通过电视新闻媒介,向人民大众深入开展公众气象服务,满足广大人民群众生活需要的重要服务手段,同时也向各级党政领导及有关部门提供防灾减灾、保护人民生命财产所需的重要决策信息。长期以来,各级气象部门和广播电视部门密切合作,使电视天气预报节目丰富多彩,生动直观,深受各级党政领导以及有关部门和广大人民群众的欢迎和好评。在社会经济快速发展和社会主义市场经济体制建立的新形势下,为了进一步加强和促进电视天气预报工作的发展,1996年中国气象局与广电部联合下发了《关于进一步加强电视天气预报工作的通知》,要求各级气象主管机构所属的气象台站认真做好电视天气预报节目的制作工作,在同级电视台的大力支持下,充分利用气象现代化建设的成果,积极采用先进技术,努力改进电视天气预报节目制作工作,从服务内容和形式上提高电视天气预报节目的质量,制作满足国民经济建设和人民群众需要、具有当地特色的电视天气预报节目。目前,全国所有的省(区、市)气象主管机构及部分地、县气象主管机构所属的气象台站已相继开展了电视天气预报节目的制作,从而保证和促进了电视天气预报节目质量和水平的不断提高。本款既明确了各级气象主管机构所属的气象台站应当进行气象预报节目的制作,也对其提出了严格的质量要求。各级气象主管机构所属的气象台站应认真履行职责,高质量地完成气象预报节目的制作工作。

三、规定了气象预报节目的改播、增播和插播。本条规定广播、电视播出单位不得随意更改气象预报节目的播发时间,强调"广播、电视播出单位改变气象预报节目播发时间安排的,应当事先征得有关气象台站的同意"。由于广播、电视播发的气象预报都是定时发布的,而天气往往瞬息万变,特别是中小尺度灾害性天气系统突发性强,影响大,为保证最新的气象预报,特别是灾害性天气预警信息能及时传递给公众,本条还进一步规定对国计民生可能产生重大影响的灾害性天气预警信息和补充、订正的气象预报,应当及时增播或者插播。

第三十条 广播、电视、报纸、电信等媒体向社会传播气象预报和气象灾害预警信息,必须使用气象主管机构所属的气象台站提供的适时气象信息,并标明发布时间和气象台站的名称。通过传播气象信息获得的收益,应当提取一部分支持气象事业的发展。

【释义】本条规定了气象信息的使用要求。

一、**本条第一款规定了气象信息的传播要求**。气象信息不仅关系到人民生命财产的安全,而且直接影响到人民群众的生产、生活。近年来,某些媒体随意转抄、摘抄气象预报向社会传播的事件时有发生,这种气象预报无序刊播,不仅侵害了气象台站的合法权益,更严重的是转抄、摘抄中产生的谬误有可能给国民经济和人民生命财产造成损失,在社会上造成不良影响。为加强对气象信息传播的管理,《气象法》中明确规定广播、电视、报纸、电信等媒体向社会传播气象预报和灾害性天气预警信息,必须使用气象主管机构所属的气象台站提供的适时气象信息,同时还要标明发布时间和气象台站的名称。坚决制止和依法处理非法向社会制作、传播、转播和发布气象预报的行为。本款规定的"适时气象信息",是指气象台站最新制作、发布的气象预报和灾害性天气预警信息。

甘肃省预警信息发布业务分工为:省级发布气象灾害预警,市(州)、县级发布预警信号。甘肃省气象局授权兰州中心气象台,发布暴雨、暴雪、寒潮、冰冻、霜冻、沙尘暴、高温、干旱、强对流等9类气象灾害预警。其中干旱预警由兰州区域气候中心制作,以兰州中心气象台名义发布。根据气象灾害可能造成的危害和紧急程度,每类气象灾害预警最多设4个级别,分别以蓝、黄、橙、红四种颜色对应Ⅳ至Ⅰ级,Ⅰ级为最高级别。市（州）、县气象台密切监视天气变化，及时发布预警信号。预警信号共 14 类：包括暴雨、暴雪、寒潮、大风、沙尘暴、高温、干旱、雷电、雷雨大风、冰雹、霜冻、大雾、霾、道路结冰等。

二、本条第二款规定传播气象信息获得的收益，应当提取一部分支持气象事业的发展。 获取气象信息的气象台站分别建立在城市、农村、平原、高山、海岛、沙漠和边疆等地。既要把各种气象要素迅速收集、汇总，又要将收集、汇总的各种气象资料、气象预报以及灾害性天气预警等产品很快传输给国内各级气象台站和有关部门使用。气象通信工作担负着上述各种气象信息的收集、传输、分发任务，而且具有信息量大、时效高、质量必须可靠等特点。传播媒体必须使用气象主管机构所属的气象台站提供的适时气象信息，以及媒体通过传播气象信息获得的收益，应当提取一部分支持气象事业发展。

第三十一条　气象台站和大型气象仪器设备实行统一规划、合理布局。

从事气象探测的组织或者个人，应当执行全国统一的气象技术规范和行业标准，并接受同级气象主管机构的指导与监督。

【释义】本条是关于气象观测站网建设及业务规范化运行的规定。

一、新建气象台站的规定：

（一）各级气象主管机构新建气象台站时，新建站的站类、站间距、业务设置等都要符合中国气象局对全国站网的规划要求，站点布局在全国台站观测网中要布局合理。因此，新建气象台站时要按照新建台站的类型，经中国气象局或者省气象局批准后才可建立；建设时必须遵守气象台站的建设标准和规范。

（二）国务院其他有关部门和省人民政府其他有关部门以及其他组织和个人新建气象台站时，要执行气象台站建设的有关规定和标准、规范，投入运行后 3 个月内向省气象局备案。

(三)为教学、科学研究、科普等开展的临时气象观测,投入运行后3个月内向省气象局备案。

二、迁移气象台站的规定:

(一)各级气象主管机构迁移气象台站时,要按照《气象设施和气象探测环境保护条例》第十八条规定及《气象台站迁建行政许可管理办法》(中国气象局令第35号)规定流程办理报批手续(具体规定详见第十三条释义)。

(二)国务院其他有关部门和省人民政府其他有关部门迁移本部门或者本系统气象台站的,迁移后3个月内向省气象局备案。

三、撤销气象台站的规定:

(一)各级气象主管机构撤销国家级管理的气象台站时,要按照《气象观测站新建迁移和撤销管理规定》,由省气象局向中国气象局提出申请,申请材料包括申请文件、人员安置方案和地方人民政府意见。由中国气象局观测业务主管职能司组织技术审查,视情组织现场核查。

各级气象主管机构申请撤销省级管理的气象台站时,要按照《气象观测站新建迁移和撤销管理规定》,由气象台站所在地的市(州)气象局向省气象局提出申请;申请材料包括申请文件、人员安置方案和地方人民政府意见。由气象台站所在地的省气象局组织技术审查,视情组织现场核查。

(二)国务院其他有关部门和省人民政府其他有关部门撤销本部门或者本系统气象台站的,撤销后3个月内向省气象局备案。

四、大型气象仪器设备布设的规定:

(一)大型气象仪器设备主要指:用于气象探测的各类(型)雷达、空间天气站等。

(二)重要气象设施建设项目(含大型气象仪器设备布设)要符合重要气象设施建设规划要求,并在项目建议书和可行性研究报告批准前,征求国务院气象主管机构或者省气象主管机构的意见。

(三)重要气象设施建设项目(含大型气象仪器设备布设)不符合重要气象设施建设规划要求,未在项目建议书和可行性研究报告批准前,征求国务院气象主管机构或者省气象主管机构的意见的,由当地气象主管机构报请本级人民政府责令改正;造成重大损失的,由当地人民政府依法追究有关责任人的行政责任。

五、凡从事气象探测的组织或者个人,要执行全国统一的气象技术规范和行业标准,并接受同级气象主管机构的指导与监督。

气象业务活动的特点就是集中性和分散性相统一。从事气象业务活动,必须遵守统一的气象技术标准、规范和规程。在甘肃省,气象行业就是由各级气象主管机构所属的343个气象台站以及民航、海洋、林业、农垦、盐业等国务院其他有关部门和省人民政府其他有关部门所属的1900多个(军队除外)气象台站组成。这些台站的资料获取与加工处理等只有技术标准、规范、规程一致,才能共享共用。为了加强对气象行业在气象业务活动上实行一致性、通用性,充分发挥气象全行业为经济建设、国防建设、社会发展和人民生活服务的作用,就需要气象全行业执行统一的气象技术标准、规范和规程。因此,本条规定了"从事气象业务活动,应当遵守国家制定的气象技术标准、规范和规程。"

《气象行业管理若干规定》(中国气象局令第34号)规定:"国务院气象主管机构负责全国气象标准化工作的归口管理,统一组织制定、修订气象国家标准和行业标准、规范和规程。省、自治区、直辖市气象主管机构可以根据需要,组织有关部门制定、修订气象地方标准、规范和规程"。实施气象行业管理的主要任务就是确保各级各类气象台站严格"遵守国家制定的气象标准、规范和规程";如果从事气象探测的组织或者个人,不执行全国统一的气象技术规范和行业标准,随意而为,随心所欲,那就直接导致各类气象台站的探测资料五花八门,准确性无法保证,根本无法进行资料共享和汇交,这也就失去了行业管理的基本前提。所以,为了能够使各类气象台站有效执行全国统一的气象技术规范和行业标准,国务院其他有关部门和省人民政府其他有关部门及其所属的气象台站以及其他组织和个人所建的气象台站,必须接受同级气象主管机构的指导与监督。各级气象主管机构要会同有关部门定期组织对气象台站执行气象标准、规范、规程等情况的监督检查,对不符合规定的,限期改正。

本条所称的气象技术标准,是指按《中华人民共和国标准化法》的规定,根据气象业务技术的统一要求,制定的技术标准。例如,在气象上常用的热带气旋(台风)等级标准等。气象技术规范,是指根据气象业务技术要求,制定的技术标准和操作要求。如地面气象观测规范、高空气象探测规范、农业气象观测规范、天气预报业务规范、人工影响天气作业规范等。气象技术规程,是指气象业务规定的工作流程,如气象温度表检定规程、空盒气压表检定规程等。

第三十二条 气象专用计量器具应当经具备相关资质的检定机构依法检定。

禁止使用未经检定、检定不合格或者超过有效期的气象专用计量器具。

【释义】本条是关于气象专用计量器具使用的规定。

一、规定了气象计量检定机构。计量工作是经济建设的一项重要技术基础,涉及到各行各业、千家万户。其立法宗旨是把统一计量单位量值作为核心内容。气象计量工作是国家计量工作的重要组成部分,属于专业计量,是保证气象计量单位统一和量值准确可靠的重要手段,也是保证气象测报质量,做好气象预报、气象服务和科学研究的基础。根据《中华人民共和国计量法》的规定,计量授权,即是指各级政府计量行政主管部门依法授予同级气象主管机构所属的气象计量检定机构,依法执行强制检定和法律规定的其他检定测试任务。在授予形式上,按《计量法实施细则》规定有四种:一是授权专业性或区域性计量检定机构,作为法定计量检定机构;二是授予建立社会公用计量标准;三是授予某一部门或某一单位的计量检定机构对其内部使用的强制检定计量器具执行强制检定;四是授予有关技术机构承担法律规定的其他检定、测试任务。

二、规定了气象计量器具的检定。为了保证气象仪器量值的准确,必须依据《中华人民共和国计量法》的有关规定,对气象计量器具进行检定。未经检定、检定不合格或超过检定有效期的气象计量器具,不得使用。早在 20 世纪 50 年代,我国就陆续建立了气象计量检定机构,承担了气象仪器的检定任务。1958 年原中央气象局就与原国家计量局联合制定了《中央气象局仪器检定单位代行气象仪器国家检定职权方案》,该方案明确"中央气象局接受国家计量局的委托授权所属各级气象计量检定机构执行气象仪器的国家检定职权和任务"。1985 年《中华人民共和国计量法》(简称《计量法》)颁布后,按照《计量法》的要求,各级气象计量检定机构都接受了同级政府计量部门的考核、认证和授权,一些项目作为社会公用计量标准承担了气象计量的检定任务。根据《计量法》第十条规定,计量检定必须执行计量检定规程。中国气象局在国务院计量行政主管部门的授权下制定了 20 余部气象计量检定规程,严格按检定规程执行授权检定。按照本条第一款规定,气象计量检定机构有权监督检查本行政区域内社会公用的气象计量器具的检定情况,对未经检定、检定不合格或超过检定有效期的气象计量器具,不得使用。

第七章 法律责任

本章是关于违反气象条例的法律责任的规定。所谓违反气象条例的法律责任就是指当事人因违反气象条例规定的义务所必须承担的带有强制性的法律后果。任何组织和个人违反了法律规定,就应当受到相应的制裁,这对于保证气象活动的正常进行,维护公民、法人和其他组织的合法权益,保证条例全面正确地实施,具有十分重要的社会意义和法律意义。

本章共四条,从第三十三条至第三十六条,其主要规定有:违反本条例规定,未取得相应资质证书而从事升放气球活动,侵占、损毁或者未经批准擅自移动气象设施,以及气象工作人员违法应当依法追究的法律责任等作了明确规定。

第三十三条 县级以上气象主管机构及其所属的气象台站的工作人员由于玩忽职守导致重大漏报、错报公众气象预报、气象灾害预警信息,以及丢失或者毁坏原始气象探测资料、伪造气象资料等事故的,依法给予处分;致使国家利益和人民生命财产遭受重大损失,构成犯罪的,依法追究刑事责任。

> **【释义】** 本条是关于县级以上气象主管机构及其所属气象台站的工作人员不履行法律、法规所规定的工作职责所应当承担的法律责任的规定。

一、本条规定的违法行为包括以下两种:

(一)由于玩忽职守,导致重大漏报、错报公众气象预报、灾害性天气预警信息的违法行为。本条对于重大漏报、错报公众气象预报、灾害性天气预警信息承担的法律责任，有一个前提条件，就是玩忽职守。所谓"玩忽职守"的行为，是指违反国家规定的工作制度和工作纪律的行为，通常表现为工作马虎草率，极端不负责任或者擅离职守，对自己应当负责的工作撒手不管，不传达、不检查、不报告等。气象工作人员工作失职，导致错报、漏报、空报所造成的责任性事故是要追究的，渎职、玩忽职守的一定要依法承担法律责任。

（二）各级气象主管机构及其所属气象台站的工作人员丢失或者毁坏原始气象探测资料、伪造气象资料等事故的违法行为，主要包括丢失原始气象探测资料、毁坏气象探测资料和伪造气象探测资料等事故的行为。

二、根据本条规定，违法行为人所应承担的法律责任包括两种形式，即行政责任和刑事责任。 具体内容分别为：

（一）行政责任。本条规定的行政责任的种类是行政处分，包括警告、记过、记大过、降级、撤职、开除等六种；实施单位是违法行为人所在的单位或者是上级主管部门；前提条件是违反本法规定，属于工作中的渎职行为，尚未构成犯罪。

（二）刑事责任。对于从事本条规定的违法行为，致使国家利益和人民生命财产遭受重大损失，构成犯罪的气象工作人员，依法由司法机关追究其刑事责任。本条规定的刑事责任主要涉及的罪名是玩忽职守罪。各级气象主管机构及其所属气象台站的工作人员构成玩忽职守罪应具备以下条件：

1. 各级气象主管机构及其所属气象台站的工作人员具有玩忽职守的行为。所谓"玩忽职守"的行为是指各级气象主管机构及其所属气象台站的工作人员违反气象法的有关规定，不履行或者不正确履行规定的职责。不履行职责，即职责上的不作为，不尽自己应尽的职责或者擅离职守；不正确履行职责，即对自己的本职工作严重不负责任、严重失职。

2. 各级气象主管机构及其所属气象台站的工作人员由于玩忽职守的行为，导致重大漏报、错报公众气象预报和灾害性天气预警信息，以及丢失或者毁坏原始气象探测资料、伪造气象资料等事故，同时,致使国家利益和人民生命财产遭受重大损失。这是构成玩忽职守罪的重要条件。

3. 玩忽职守的行为与重大损失之间具有必然的因果关系,即致使国家和人民利益遭受重大损失是由于各级气象主管机构及其所属气象台站的工作人员玩忽职守的行为所造成的。

第三十四条　违反本条例规定,未取得相应资质证书而从事升放气球活动的,由县级以上气象主管机构按照权限责令停止违法行为,处一万元以上三万元以下罚款;给他人造成损失的,依法承担赔偿责任;构成犯罪的,依法追究刑事责任。

【释义】本条是关于违反有关升放气球活动的规定应当承担的法律责任的规定。

根据本条规定,行为人实施了未取得相应资质证书而从事升放气球活动的违法行为,即未按照从事升放气球活动的许可制度申请并依法取得《升放气球资质证书》而擅自从事升放气球活动的行为;应当承担本条所规定的法律责任。

依照本条规定,承担法律责任的形式包括行政责任、民事责任和刑事责任三种法律责任形式。

一、**行政责任**。公民、法人和其他组织如果实施本条所列举的违法行为,就必须承担行政责任。根据本条规定,对实施违法行为的公民、法人和其他组织进行行政处罚的主体只能是有关气象主管机构,其他任何组织和个人都不能行使此权力;给予行政处罚的种类只是罚款,而且罚款的幅度在一万元至三万元,不得低于一万元,不得高于三万元。

二、**民事责任**。根据本条规定,实施本条所列举的行为,给他人(包括其他公民、法人和组织)造成经济损失或者其他损失的,应当依照民事法律、法规的规定,承担相应的民事责任。本条规定承担民事责任的方式是赔偿损失。要求赔偿的方式包括通过人民法院解决或者自行协商解决。具体程序可以通过民事诉讼程序提起诉讼,也可以刑事附带民事诉讼形式提起诉讼。

三、**刑事责任**。实施本条所列举的违法行为情节特别严重,构成犯罪的,应当根据刑法的规定承担刑事责任。承担刑事责任的主体是公民个人,有的也可以是单位。

第三十五条 违反本条例规定,侵占、损毁或者未经批准擅自移动气象设施的,由有关气象主管机构按照权限责令停止违法行为,限期恢复原状或者采取其他补救措施,可以并处五万元以下罚款;造成损失的,依法承担赔偿责任;构成犯罪的,依法追究刑事责任。

【释义】本条是关于违反有关保护气象设施的规定应当承担的法律责任的规定。

关于行为人违反本条例所应承担的法律责任。气象条例作为调整涉及气象领域的社会关系,规范全省气象活动的地方性法规,具有普遍约束力和强制性。公民、法人和其他组织必须严格地遵守气象法的规定,全面履行法律义务。如果违反了气象条例有关规定,就必须承担一定的法律责任。本条对违反气象条例的行为作了规定,并明确这些违法行为应当承担的法律责任。

根据本条规定,行为人实施了侵占、损毁或者未经批准擅自移动气象设施的违法行为,即非法占有、损坏气象探测设施、气象信息专用传输设施、大型气象专用技术装备等或者不履行规定的审批手续,擅自迁移上述气象设施的行为,应当承担本条所规定的法律责任。

依照本条规定,承担法律责任的形式包括行政责任、民事责任和刑事责任三种法律责任形式。

一、**行政责任**。公民、法人和其他组织如果实施本条所列举的违法行为,就必须承担行政责任。根据本条规定,对实施违法行为的公民、法人和其他组织进行行政处罚的主体只能是有关气象主管机构,其他任何组织和个人都不能行使此权力;给予行政处罚的种类只是罚款,而且罚款的幅度在五万元以下,不能超过五万元。同时,有关气象主管机构还可以依照本条的规定,对实施本条所规定的违法行为采取行政强制措施,本条规定的行政强制措施的主要形式是责令停止违法行为,限期恢复原状或者采取其他补救措施。

二、**民事责任**。根据本条规定,凡是实施本条所列举的行为,给他人(包括其他公民、法人和组织)造成经济损失或者其他损失的,应当依照民事法律、法规的规定,承担相应的民事责任。本条规定承担民事责任的方式是赔偿损失。要求赔偿的方式包括通过人民法院解决或者自行协商解决。具体程序可以通过民事诉讼程序提起诉讼,也可以刑事附带民事诉讼形式提起诉讼。

三、**刑事责任**。实施本条所列举的违法行为情节特别严重,构成犯罪的,应当根据刑法的规定承担刑事责任。承担刑事责任的主体是公民个人,有的也可以是单位。

第三十六条 违反本条例规定的行为,法律、行政法规已有处罚规定的,依照其规定执行。

【释义】本条是关于法律责任的一种兜底性规定。

兜底条款作为一项立法技术,它将所有其他条款没有包括的、或者难以包括的、或者立法时预测不到的,都包括在这个条款中,是法律文本中常见的法律表述,主要是为了防止法律的不周严性,以及社会情势的变迁性,具有抽象性、模糊性和概括性等特征,是一种总括性规定。

第八章 附 则

第三十七条 本条例自2022年8月1日起施行。

【释义】本条是关于本条例生效日期的规定。

生效日期,是法律开始发生效力的时间。法律、法规一般都有关于生效日期的规定。从我国目前的立法实践来看,生效日期主要是三种表达方式,一种是自法律公布之日起开始生效;另一种是在公布一段时间之后开始生效;第三种是在法律规定的条件具备后开始生效。前两种方式比较常用,本法即采用的是第二种表达方式。

按照本条的规定,本条例的生效时间是2022年8月1日。也就是说,自2022年8月1日起,在甘肃省领域从事气象探测、预报、服务和气象灾害防御、气候资源利用、气象科学技术研究等活动,都应当遵守本条例。

本条例由甘肃省第十三届人民代表大会常务委员会第三十一次会议于2022年6月2日修订通过,并于同日公布。根据本条的规定,本法2022年8月1日起施行。从公布之日到开始实施,中间有两个月的时间,可以作为法律实施前的准备时期,各级政府、各级气象主管机构需要做一些准备工作。另一方面是还可以充分利用这段时间,广泛、深入地组织学习、宣传本条例,普及气象法律知识,使包括各级气象主管机构、气象台站、气象工作人员在内的广大公民、法人或者其他组织,特别是各级领导干部,充分认识到准确、及时地发布气象预报,防御气象灾害,合理开发利用和保护气候资源,更好地为经济建设、国防建设、社会发展和人民生活提供服务的重要意义。在准备期内,可以通过学习,抓紧对行政执法人员的培训,使行政执法人员了解和掌握本条例的有关规定,改进气象行政管理工作,提高气象行政执法水平,维护社会秩序和公共利益,保护公民、法人或者其他组织的合法权益。

第二编

《甘肃省气象灾害防御条例》释义

第一章 总 则

总则是对一部法律、法规的基本原则和总体思路的集中体现,起着提挈全局的作用。总则一般规定立法的目的、依据和适用范围,基本原则及基本法律制度。本章共七条,包括本条例的立法目的和依据、适用范围、气象灾害及气象灾害防御定义、工作原则、政府职责、气象主管机构职责、协调机制和宣传等。

第一条 为了提高气象灾害防御能力,避免和减轻气象灾害造成的损失,保障人民生命财产安全,根据《中华人民共和国气象法》、国务院《气象灾害防御条例》等法律、行政法规的规定,结合本省实际,制定本条例。

> 【释义】本条是关于《甘肃省气象灾害防御条例》立法目的和依据的规定。

一、关于立法目的。立法目的又称立法宗旨,是制定一部法律、法规的总纲。只有"纲举"才能"目张",立法目的与法律的条文之间是目的与手段之间的关系,它制约着具体的法律规范的内容。一部法律中的每一具体条文都必须围绕该法律的立法目的,为实现立法目的,每项规定均不得与立法目的相抵触。由于立法目的统领着一部法律全部法律规范的价值取向,因此立法目的一般都作为一部法律的第一条的规定。

《甘肃省气象灾害防御条例》作为一部调整甘肃省气象灾害防御过程中所形成的各种社会关系的地方性法规,其根本目的是加强气象灾害的防御,避免、减轻气象灾害造成的损失,保障人民生命财产安全。因此,根据本条规定,立法目的主要包括以下三方面:

(一)适应经济社会发展,加强气象灾害防御工作。近年来,甘肃省气象事业取得了巨大的进步。一是建立了较为完善的气象服务体系,气象防灾减灾、应对气候变化和各项气象服务都取得了显著的经济社会效益。二是建立了比较健全的气象预报预测系统,气象预报预测能力不断提高。三是建立了较高水平的自动化综合气象观测系统,气象观测能力显著增强。四是建立了气象科技创新体系,取得了一大批支撑气象业务服务的科研成果。同时,经济社会的发展也给气象灾害防御工作提出了更高的要求。一是在气象灾害预防方面,亟须加强能力建设,完善不同种类气象灾害的预防措施。二是在气象灾害监测预警方面,需要进一步整合气象监测信息网络,提高监测预警能力,尤其是亟待提高极端性灾害天气事件的监测预警能力。三是在气象灾害预报预警信息的发布方面,需要进一步拓宽信息发布渠道和覆盖面,提高信息发布的时效,为人民群众有效避险提供保障。四是在气象灾害应急处置方面,需要进一步加强气象灾害应急能力建设,规范应急预案的启动和解除,确保应急管理措施的有效实施。因此,需要通过健全相关的法律制度,进一步改进和加强气象灾害防御工作。

(二)应对气候变化新形势,避免或减轻气象灾害损失。全球气候变化背景下,近年来国内外台风、暴雨、高温、干旱、风雹等极端天气气候事件广发、频发、强发、并发,我国气候反常性、极端天气突发性和难以预见性日益凸显。甘肃省天气气候规律正在发生较大变化,复合性极端天气气候事件的概率正在增大,并且可能超出气象工作者的固有认知。现代化的气象预报服务工作需要政府和社会力量的大力支持,亟须通过立法进一步加强气象灾害的防御工作。

(三)完善气象灾害防御机制,保障人民生命财产安全。气象灾害防御工作涉及经济社会生活的各个领域,必须在政府的统一领导、组织和协调下,通过多部门密切协作,全社会共同努力才能做好这项工作。因此,有必要总结多年来防御气象灾害的经验,建立政府统一领导、多部门配合、社会广泛参与的防灾减灾机制,通过完善法律法规,进一步明确各级政府、有关部门以及社会公众在气象灾害防御活动中的权利义务关系,加强农村、街道、社区等基层组织的气象灾害防御能力建设。

二、关于立法依据。1999 年 10 月 31 日,《气象法》经第九届全国人民代表大会常务委员会第十二次会议审议通过,于 2000 年 1 月 1 日起实施,《气象法》第五章专门对气象灾害防御进行了规定。2010 年 1 月 20 日,《气象灾害防御条例》经国务院第 98 次常务会议通过,自 2010 年 4 月 1 日起施行。《气象法》《气象灾害防御条例》是本条例最直接的立法依据。同时,本条例又充分吸收了党中央、国务院以及省委省政府关于气象灾害防御工作的一系列重要指示、方针、政策,特别是习近平总书记在中华人民共和国气象事业 70 周年之际的重要指示,以及《国务院办公厅关于推进人工影响天气工作高质量发展的意见》(国办发〔2020〕47 号)、《甘肃省人民政府办公厅关于推进气象事业高质量发展的意见》(甘政办发〔2020〕124 号)、《甘肃省气象事业发展"十四五"规划》等重要文件精神。此外,本条例在起草过程中,也注意与《中华人民共和国防洪法》《中华人民共和国防沙治沙法》《中华人民共和国抗旱条例》《人工影响天气管理条例》《气象设施和气象探测环境保护条例》等有关灾害防御的法律、行政法规的有效衔接。

第二条 本省行政区域内从事气象灾害防御活动,适用本条例。

水旱灾害、地质灾害、森林草原火灾等因气象因素引发的衍生、次生灾害的防御工作,适用有关法律、行政法规的规定。

法律、行政法规对气象灾害防御已有规定的,依照其规定执行。

> 【释义】本条是关于条例的地域适用范围、调整对象、衔接条款的规定。

一、地域适用范围。法律的适用范围也称法律的效力范围,包括法律的空间效力范围、法律的时间效力范围和法律对人的效力,换句话说,就是法律适用于哪些地域、何时开始生效以及适用于哪些主体。本条例的地域适用范围,就是指条例的空间效力范围,即条例在甘肃省内有效。

二、调整对象。法律发挥其作用的基本机制是规范人们的行为,法律的规范作用是通过规范人们在其所参加的社会关系中的权利、义务来实现的,这种被法律所规定的社会关系,构成了法律关系。法律的调整对象,是指法律规范所调整的各种社会关系,对某一部法律而言,其调整对象就是这部法律所规范的社会关系。根据《气象法》的规定,该法所调整的社会关系包括气象灾害防御以及对这类活动的管理。本条例的调整对象,是指气象灾害防御以及对这类活动的管理所产生的法律关系。

三、衔接条款。为保证国家法律、行政法规在甘肃省有效运行,同时避免重复上位法内容,本条第二款、第三款明确了条例与有关法律、行政法规的关系。按照第二款规定,水旱灾害、地质灾害、海洋灾害、森林草原火灾等因气象因素引发的衍生、次生灾害的防御工作,适用有关法律、行政法规的规定。许多自然灾害,特别是等级高、强度大的自然灾害发生以后,常常诱发出一连串的灾害接连发生,这种现象被称为灾害连发性或灾害链。例如,暴雨引发的洪水造成洪涝灾害,进而可能带来大面积山体滑坡,造成地质灾害。自然灾害常接连发生,则构成了并发型灾害链。灾害链中最早发生的、起主导作用的灾害称为原生灾害;次生灾害是指在灾害链中由原生灾害诱导的、第二次生成的、间接造成的灾害。衍生灾害是指由原生灾害派生出来、第三次生成的、因繁衍变化而发生的一系列灾害。两者的主要区别是,与原生灾害相比,衍生灾害的发生机理有明显变化,而次生灾害没有明显变化。次生灾害与衍生灾害有时比原生灾害的危害还大。由于《中华人民共和国防洪法》《中华人民共和国防汛条例》《中华人民共和国抗旱条例》《地质灾害防治条例》《森林防火条例》《草原防火条例》等法律、行政法规已作出了明确规定,因此,为了处理好气象灾害与衍生、次生灾害之间以及条例与现行法律、行政法规之间的衔接关系,本条例规定了水旱灾害、地质灾害、海洋灾害、森林草原火灾等因气象因素引发的衍生、次生灾害的防御工作,适用有关法律、行政法规的规定。本条第三款规定法律、行政法规对气象灾害防御已有规定的,依照其规定执行。

第三条　本条例所称气象灾害,是指因干旱、大风、沙尘暴、暴雨(雪)、寒潮、冰雹、雷电、低温、高温、霜冻、大雾、干热风等天气气候事件造成的灾害。

气象灾害防御,是指气象灾害监测、预报、预警、预防、应急、救助和监督管理等活动。

【释义】本条规定了气象灾害和气象灾害防御的定义。

一、**气象灾害是指大气对人类的生命财产和国民经济建设及国防建设等造成的直接或间接的损害**。甘肃省是气象灾害最严重的省份之一,气象灾害占整个自然灾害的85%,我国主要的气象灾害除台风外在甘肃省都有分布。其中干旱、冰雹、暴雨洪涝、大风沙尘暴、霜冻等灾害造成的损失较为严重。

甘肃省地处干旱、半干旱地区,受特殊的气候、地理和生态环境影响,汛期气象灾害有着自身的规律和特征。一是小降水可能引发大灾害,甘肃省南部山大沟深,植被稀疏,一场不足百毫米的降水就导致了2010年"8·8"舟曲特大泥石流灾害发生;二是山上下雨沟里成灾,2018年7月18日临夏州东乡县,由于上游强降雨沿沟壑汇聚而下,导致下游达板镇崔家村受灾严重,造成人员伤亡;三是持续降雨必定致灾,近年来,由于受甘肃省及周边地区连续不断的地震影响,不少地方地质灾害隐患点均处于活动状态,持续降雨导致土壤水分饱和,极易引发滑坡、塌方灾害。

干旱既是农业生产的主要威胁,又是"陇中苦,甲天下"的根本原因,也是"振兴甘肃、繁荣经济"的主要障碍和制约因素。旱灾发生的直接原因是大气环流的异常和大气环流季节变化发生异常。从干旱发生的环流特征上看,造成春末初夏旱的环流形势是,亚洲中高纬度上空为一槽一脊,中纬度朝鲜半岛到渤海湾的槽偏深,中亚到新疆的脊偏强,甘肃省在高压脊控制之下,缺少暖湿气流,又无冷空气影响,不利于降水,致使干旱发生。伏旱出现在西太平洋副热带高压脊线在盛夏向北越过30°N且稳定的时间。因此副高脊线偏北而持续,暖空气势力过强是引起甘肃省盛夏干旱的直接原因。

冰雹一般指降落于地面的直径大于等于5毫米的固体降水。甘肃省冰雹主要发生于青藏高原边坡和高海拔地区,甘南高原、甘岷山区、祁连山东段为三个冰雹高发区,临夏、定西为相对多雹区;降雹时间分布在3—11月,5—7月是主要时段,6月最多。冰雹的发生期正是农作物、经济林果的旺盛生长和成熟时期,即夏秋粮食作物的幼苗期、拔节孕穗期、开花授粉期和灌浆、成熟期,瓜果类和蔬菜辣椒、茄果类作物幼苗期、开花授粉坐果期和瓜果幼果生长期及瓜果成熟采收期,桃、李、梨、杏、柑橘等经济林果开花授粉期、坐果及果实生长期、果实成熟采收期。各种作物、果树在上述生育重要阶段如遇上冰雹轻则使其生长发育受阻;重则造成机械损伤和大量落花、落果,降低产品质量和产量乃至无收。对牧畜造成打伤和引起牧群受惊落荒逃散、引起牧畜受凉生病等。

中国气象局根据全国平均情况规定,日雨量≥50毫米的降水为暴雨。甘肃省各地气候差异很大,河东地区执行全国标准,河西地区日降水量≥30毫米视为暴雨。暴雨按照日降水量一般可分为三个等级:一般暴雨:50毫米≤日雨量<100毫米;大暴雨:100毫米≤日雨量<150毫米;特大暴雨:日雨量≥150毫米。在短历时暴雨中,根据需要又可分为10分钟、1小时、3小时、6小时的暴雨。甘肃省暴雨主要集中在1小时或6小时以内,多数局地暴雨都是由层结不稳定的对流天气造成。甘肃暴雨日数及强度自东南向西北递减,暴雨出现最多的是陇南市,其次是庆阳市、平凉市和天水市;主要发生在7月上旬到8月下旬,7月、8月占全年暴雨站(次)数的80%,最晚10月结束。暴雨具有短时对流性强、相对强度大的特征,90%的暴雨天气过程伴随短时强降水。在地形条件中,河流流向与暴雨移动方向的反向配合或穿插相交,对洪水的影响非常明显。两者同向的河流,洪水遭遇机会多,量级大;两者逆向的河流,洪水遭遇机会少,量级小。甘肃省多数河流呈逆向或相交分布,形成相同暴雨条件下洪水减小的特点,但是,泾河、蒲河、马莲河洪水较大,历史上的水灾较多,这是地形与暴雨同向配合的地形因素所决定的。在异常天气情况下,如果雨区扩大,方向发生变化,则有可能突破历史上的大洪水,造成异常洪水灾害。地貌类型是影

响洪水的重要因素。甘肃省地貌类型多,产汇流条件千差万别。黄土塬区,为梁、峁地形,沟壑发育,植被很差,汇流快,洪水集中,加剧洪水的形成,为超渗产流模式,在相同暴雨条件下,单位面积洪峰流量最大,陇东、陇中等广大黄土沟壑区在暴雨并不是最大的情况下,成为洪峰流量模数的最高值区。由于植被好坏的混合影响,洪水过程往往在胖峰过程上加孤独的尖峰,如武都、红旗等站中上游植被良好段形成肥胖型洪水,中下游植被差段形成尖瘦洪峰,两部分叠加成为"胖加尖"峰型,危害性较大。

沙尘暴是由于强风将地面大量尘沙吹起,使空气变混浊,水平能见度小于1千米的严重风沙现象。沙尘暴出现时,天空一般呈土黄色,有时甚至呈红黄色。强沙尘暴可使能见度降到0米,眼前漆黑一片,伸手不见五指,狂风呼啸,飞沙走石,给工农业生产和人民生活造成很大危害。沙尘暴主要发生在河西和河东偏北地区,以兰州为界,36°N以南地区发生沙尘暴的次数少,以北地区次数多,由北向南逐渐减少;山区少,平原多。沙尘暴在甘肃省一年四季均有发生,最多为春季,其中4月最多。

霜冻是指在春、秋季节,当地面附近的空气温度下降到0℃以下时,空气中的水汽在地面或近地面物体上凝华而成的白色松脆冰晶。对农作物造成的冻害并非白色的冰晶霜,而是气温降低到0℃以下时,由低温引起的农作物植株体茎叶的伤害或死亡的冻害,称之为霜冻。在甘肃省河西走廊等气候干燥地区,由于空气湿度小,当地表面附近的空气温度下降到0℃以下时,可不形成白色的冰晶物,但对农作物已造成了冻害,群众把这种现象称之为"黑霜"。霜冻分早霜冻和晚霜冻两种,两种霜冻在甘肃省遍及各地。早霜冻发生规律与日期是纬度、海拔高的地区先于纬度、海拔低的地区,高山、高原地区先于平原、平川盆地,沙漠、戈壁下垫面先于土壤、草原下垫面;晚霜冻发生规律与结束日期,与早霜冻相反。霜易在晴朗、微风、湿度大的夜间形成。霜冻的形成与温度的降低有关,根据霜冻的成因,霜冻分为三种:即平流霜冻、辐射霜冻和平流辐射霜冻。平流辐射霜冻又称混合霜冻,甘肃省在春、秋季节出现的霜冻多属于这种霜冻。

二、关于气象灾害防御。甘肃省位于气候变化敏感区和生态环境脆弱区,气象灾害广发、频发、强发、并发,是全国气象灾害种类最多,发生最为频繁,损失最为严重的省份之一。气象与经济社会发展的关联度越来越高,社会经济对气象灾害的敏感性也越来越强,各行各业以及人民群众对气象服务的要求越来越高,防御气象灾害的作用和效益也越来越明显。及时准确地监测、预报和预警,是做好气象灾害防御工作的重要前提。准确、及时地监测并获取气象信息,制作、发布气象预报与预警,对保障经济建设顺利进行和保护人民生命财产安全具有重要的作用。

气象灾害防御工作关系到各行各业和千家万户,加强气象灾害防御工作,提高全社会防御气象灾害的能力和水平,对防止和减轻灾害损失,保障人民群众生命财产安全,促进经济社会可持续发展,具有十分重要的意义和作用。做好气象灾害防御工作,是维护公共安全、正常社会生产生活秩序和构建和谐社会的重要举措。各地、各部门、各单位要充分认识加强气象灾害防御工作的重要性,坚持以人为本、预防为主、防治结合的方针,依靠科技、依靠法制、依靠群众,统筹规划、分类指导,制定和实施气象灾害防御规划,加快甘肃省防灾减灾体系建设,强化防灾减灾基础,切实增强气象灾害的监测预警、综合防治、应急处置和救助能力,提高全社会防灾减灾水平,最大程度减轻灾害损失,促进全省经济社会持续和谐发展。

第四条 气象灾害防御工作应当坚持以人为本、科学防御、政府主导、部门联动、分级负责、社会参与的原则,发挥气象防灾减灾第一道防线作用。

> **【释义】** 本条明确了关于气象灾害防御的原则和应该发挥的作用。

气象灾害是自然灾害之一,是指大气对人类的生命财产和国民经济建设及国防建设等造成的直接或间接的损害。自然灾害会造成几百万元到几百亿元的损失,同时也会造成灾害区内不计其数的伤亡人数。

本条确立了各级人民政府、有关部门和单位在依法履行气象灾害防御工作职责时应当遵循的总的原则,也是制定各项具体政策必须体现的指导思想。

中华人民共和国成立以来,党和国家许多关于气象工作的总体原则、基本方针和要求都是通过规范性文件的形式予以体现的。如《国务院办公厅关于进一步加强气象灾害防御工作的意见》(国办发〔2007〕49号)提出,加强气象灾害防御工作的总体要求是"坚持以人为本、预防为主、防治结合的方针,依靠科技、依靠法制、依靠群众,统筹规划、分类指导,制订和实施气象灾害防御规划,加快国家与地方各级防灾减灾体系建设,强化防灾减灾基础,切实增强对各类气象灾害监测预警、综合防御、应急处置和救助能力,提高全社会防灾减灾水平,促进经济社会健康协调可持续发展"。

本条例在认真总结各级人民政府、有关部门和单位在进行防御气象灾害各项工作经验和教训的基础上,将其高度概括为以人为本、科学防御、政府主导、部门联动、分级负责、社会参与的原则,有普遍约束力的法律规定,具有十分重大的意义。

以人为本:是把人类的生存作为根本,是以人民为中心为理念的具体实践,是党全心全意为人民服务根本宗旨一脉相承、一以贯之的体现。

气象灾害防御工作必须把为人民福祉安康服务作为首要任务,始终把保护人民群众生命财产安全、促进社会和谐稳定放在高于一切、重于一切的位置,最大程度地保护人民生命财产的安全,减少气象灾害造成的人员伤亡和财产损害。提供准确及时的气象预报预警信息服务,提高全社会防御气象灾害的能力和水平,对经济发展和社会进步具有很强的现实意义。因此,在气象灾害防御工作中必须坚持以人为本的原则,把保障公众健康和生命财产安全放在突出位置,最大程度地减少突发公共事件及其造成的人员伤亡和危害。

科学防御:气象灾害防御活动本身,就是科学地认识和掌握大气及其运动规律,通过实事求是的科学分析,提出科学有效的应对措施并加以组织落实的过程。同时,经济社会发展的现实需求,对不断提高气象预测预报能力、气象防灾减灾能力、应对气候变化能力、开发利用气候资源能力提出了新的要求。因此必须依靠科技创新,加强气象科技工作,既要推进气候系统各个学科领域的知识创新,也要推进观测和预报预测的技术创新;既要加强基础理论研究和科学试验,也要加强应用研究和技术开发,实现灾害性天气监测预报、气候预测和气候变化影响评估、气候资源开发利用、气象服务的重大突破。因此,气象灾害防御工作必须依靠科学,着力提高防御气象灾害的科技水平。

政府主导:气象灾害防御直接关系到经济建设、社会发展和人民生命财产的安全,必须由政府进行领导、组织和协调才能很好地开展这项工作。

在中国气象局和甘肃省委省政府的领导下,省部合作联席会议精神逐步在各级政府及气象部门落实,甘肃省气象事业发展环境进一步优化,气象防灾减灾效益不断凸显,公共气象服务能力不断增强,公众气象服务满意度逐年稳步递增。充分利用基层防灾减灾"六个一"标准化建设成果,打通了气象预警"一横多纵"的传播通道,乡镇气象工作站和村级气象信息员覆盖率达100%。成立甘肃省预警信息发布中心,与省直各涉灾部门建立行业应急联动工作机制。成立了西北区域人工影响天气中心,在甘肃省政府的大力支持下,新舟60增雨飞机正式入列实施人工增雨。在甘肃省第一次全国自然灾害综合风险普查领导小组办公室统一部署和安排下,圆满完成暴雨、干旱、高温、低温、大风、冰雹、雪灾、雷电、沙尘暴等9种气象灾害致灾数据调查,普查成果应用于气象灾害风险评估和预警、气象灾害防御应急联动、气候可行性论证等业务,成效显著。

随着经济社会的不断发展,各级党委、政府越来越重视气象工作,把气象工作作为民生工作,把公共气象服务作为各级政府公共服务的重要工作来抓。特别是省委省政府及有关部门近年来对气象工作的重视程度不断增强,支持力度不断加大,甘肃省气象事业发展的政策环境得到进一步优化。2020年12月,甘肃省政府办公厅印发《关于推进气象事业高质量发展的意见》,为加快推进甘肃气象事业高质量发展提供了有力保障;2021年8月,《甘肃省"十四五"气象事业发展规划》正式印发,这是未来五年甘肃省气象事业发展的行动纲领,也是"十四五"时期更高水平气象现代化建设的重要依据;2021年12月,省政府办公厅印发《甘肃省气象灾害应急预案》,气象灾害防御政府职责不断明晰,部门间应急联动、信息共享、联合会商和保障服务机制不断完善;2022年6月,《甘肃省气象条例》和《甘肃省气象灾害防御条例》两部条例经省人大常委会修订通过,并已正式颁布实施;2022年8月,《甘肃省人民政府关于贯彻落实国务院〈气象高质量发展纲要(2022—2035年)〉的实施方案》也已印发,同时召开了工作推进会议,这为甘肃气象事业发展提供了新的历史机遇。同时,省委省政府领导高度重视,多次批示和安排气象工作,并对甘肃省气象事业发展给予了关心和支持。甘肃省委尹弘书记、任振鹤省长先后于2021年5月、8月到省气象局调研指导工作,张锦刚副省长于2022年6月到省气象局调研指导工作,都对气象工作给予充分肯定并提出严格要求,为甘肃气象事业发展注入了强大动力。

部门联动:气象灾害防御工作是一项系统性强、涉及面广、关注度高的综合性工作,涉及气象、水利、农业、规划、国土、交通、财政、民政、林草、通信、教育等部门和社会媒体,需要多部门密切协作,全社会共同努力。近年来,甘肃省气象局连续十几年召开年度气象灾害预警服务联络员会议,不断强化气象灾害预警服务部门联络机制。与省文旅厅联合发文,加强灾害性天气旅游安全应急联动机制建设。与省农业农村厅联合开展农业气象灾害风险预警。与省教育厅联合发文,建立完善重大气象灾害自动停课机制。与省卫健委积极对接,首次联合发布高温中暑气象风险提示。与省消防救援总队签订"消防救援气象预警联勤联动战略合作协议"。与省公安厅、省交通厅联合开展省级恶劣天气高影响路段优化提升工作。省防汛抗旱指挥部将省级气象部门发布的暴雨橙色预警、暴雨红色预警纳入启动防汛Ⅳ级、Ⅲ级应急响应条件。与兰州铁路监管局、省自然资源厅、省水利厅等单位联合发文,建立甘肃省境内铁路沿线自然灾害风险防范工作协调合作机制。建立完善了气象灾害应急联动机制和灾害防御规划管理协调保障机制。因此,为了进一步健全协调有序、运转高效的部门联动机制,条例将部门联动作为气象灾害防御工作原则之一。

分级负责:气象部门施行双重管理,甘肃省气象局是甘肃省人民政府管理气象工作的主管部门,行使同级人民政府管理气象工作的行政职能,并对本行政区域内的气象工作实施行业管理。甘肃省气象局下设10个内设机构,8个直属单位,13个市(州)气象局,68个县气象局。分级负责就是按照各级党政机关和所属部门的管理职能,实行按级、按系统分工负责处理,对于气象部门来说,有利于当地政府和部门针对当地特色推进气象事业发展,更好服务经济社会。

社会参与:气象灾害防御直接关系到经济建设、社会发展和人民生命财产的安全,必须由政府进行领导、组织和协调才能很好地开展这项工作。同时,也只有紧紧依靠群众,动员社会力量参与气象灾害防御工作,充分发挥群众团体、气象信息员和公民在气象灾害防御、救助等方面的作用,建立全社会广泛参与的行动机制,才能使"政府领导、部门联动、社会参与"的气象灾害防御体系落到实处,才能高效应对灾害,最大限度地保护人民生命财产安全,尽最大可能避免和减轻气象灾害造成的影响和损失。

第五条 县级以上人民政府应当加强气象灾害防御工作的组织、领导和协调,加快防灾减灾体系建设,将气象灾害防御工作纳入国民经济和社会发展规划,所需经费列入本级财政预算。

> 【释义】本条是关于县级以上人民政府在气象灾害防御工作方面职责的规定。

本条主要规定了县级以上人民政府在组织、领导和协调气象灾害防御工作中,将气象灾害的防御纳入本级国民经济和社会发展规划,所需经费纳入本级财政预算方面的职责。

关于县级以上人民政府应当加强对气象灾害防御工作的组织、

领导和协调的规定。这一规定,是对县级以上人民政府在加强气象灾害防御工作时提出的基本要求,它明确了县级以上人民政府是本级行政区域内气象灾害防御工作的行政领导机关,是负责此项工作的责任主体。它既是人民政府加强对气象灾害防御工作组织领导所必须遵守的一项法定职责,也是人民政府履行加强对气象灾害防御工作协调职责的前提。根本目的是在分工负责的基础上,强化统一指挥、协调联动,提高快速反应能力。按照本条及条例的其他规定,有关人民政府及其部门必须通过组织制订气象灾害防御规划,编制气象灾害应急预案,实施气象灾害应急处置措施等行为,履行组织、领导和协调气象灾害防御工作职责。否则,就要依法承担相应的责任。

关于县级以上人民政府应当将气象灾害的防御纳入本级国民经济和社会发展规划,所需经费纳入本级财政预算的规定。

气象事业是科技型、基础性、先导性公益事业,气象工作关系生命安全、生产发展、生活富裕、生态良好。要求加快科技创新,做到监测精密、预报精准、服务精细,推动气象事业高质量发展,提高气象服务保障能力,发挥气象防灾减灾第一道防线作用。同时,也是市场经济条件下,政府向社会提供的一项必不可少的公共服务。气象灾害防御工作作为一项长期任务,必须通过规划予以保障,也必须由政府来领导,由公共财政予以支撑。

2020年12月,甘肃省政府办公厅印发《关于推进气象事业高质量发展的意见》,为加快推进甘肃省气象事业高质量发展提供有力保障。2021年8月,甘肃省气象局和甘肃省发展和改革委员会联合印发《甘肃省"十四五"气象事业发展规划》,围绕自然灾害防治气象监测预警、生态修复型人工影响天气、黄河流域高质量发展甘肃气象保障及气象台站基础能力建设凝练了4项重点工程项目,通过中央和地方共同投资完成建设。

因此,条例通过将气象灾害防御工作纳入地方本级国民经济和社会发展规划及财政预算,以保障其有效开展。

第六条　县级以上气象主管机构负责本行政区域内气象灾害的监测、预报、预警、评估及人工影响天气作业工作；协助有关部门做好气象次生灾害的监测、预报、预警和减灾等工作。

县级以上人民政府发展改革、自然资源、应急、生态环境、公安、水利、工信、农业农村、林草、住建、交通运输、教育等有关部门，按照职责分工，共同做好气象灾害防御工作。

【释义】本条是关于政府职能部门在气象灾害防御工作中职责分工的规定。

气象灾害防御工作必须在各级政府的统一领导下，各部门按照职责分工，各负其责，密切配合，才能共同做好。

本条分两款，从两个层面确立了气象灾害防御工作中的职责分工：首先，县级以上地方人民政府有关部门按照职责分工，共同做好监测、预报、预警、评估及人工影响天气作业工作；协助有关部门做好气象次生灾害的监测、预报、预警和减灾等本行政区域的气象灾害防御工作。气象灾害应急预案启动后，各级气象主管机构应当组织所属的气象台站加强对气象灾害的监测和评估，启用应急移动气象灾害监测设施，开展气象服务，及时向本级人民政府及有关部门报告灾害性天气实况、变化趋势和评估结果，为本级人民政府组织防御气象灾害提供决策依据。同时，民政、卫生、交通运输、住房和城乡建设、电力、通信、国土资源、农业、水利、公安等有关部门也应当按照职责做好各项应急处置工作。

本条例中的地方各级气象主管机构，是指省、市（自治州）、县（区、市）气象主管机构。

第七条　各级人民政府应当建立健全气象灾害防御工作的协调机制，组织有关部门防御气象灾害和气象次生灾害，加强气象科普和防灾减灾知识宣传，增强社会公众防御气象灾害的意识，提高防灾减灾能力。

【释义】本条是关于各级人民政府应当建立健全气象灾害防御工作的协调机制,组织有关部门防御气象灾害和气象次生灾害,气象灾害防御知识宣传、普及和教育方面的规定。

各级人民政府积极建立健全气象灾害防御工作的协调机制,认真落实甘肃省人民政府与中国气象局的合作联席会议精神,积极支持"祁连山及旱作农业区人工增雨(雪)体系建设""甘肃省气象灾害防御能力提升工程""三农"服务专项、山洪地质灾害防治气象保障工程等,建立健全气象灾害防御工作的协调机制,组织有关部门防御气象灾害和气象次生灾害取得显著成绩。

本条规定要对公众进行科学知识普及,提高公众防御气象灾害的意识和能力。气象灾害之所以会造成严重的危害,与气象防灾减灾知识宣传和普及不够,社会公众的气象灾害风险意识比较淡薄,自救互救能力不强,缺乏对气象灾害应急避险措施的了解不无关系。在气象灾害防御工作中,要想取得良好的防灾减灾效果,不同的社会角色应该发挥出各自不同的作用。

只有社会公众认识到位、知识到位、能力到位,防灾减灾的效果才会更好。如气象灾害的风险评估由专业人员负责,但是公众有必要理解风险评估的结果,了解哪些地区是气象灾害的多发地、易发地,哪些地区容易出现什么气象灾害等;在气象灾害应急处置过程中,除了政府、有关部门要采取应对措施之外,社会公众也有必要在第一时间采取防范措施,开展自救互救。因此,本款要求各级政府和有关部门要大力宣传、普及气象灾害防御知识,使社会公众,尤其是农村的农民群众了解气象防灾减灾知识,掌握基本的避险避灾技能,提高自救互救能力。气象灾害防御知识主要包含气象灾害的种类、影响及监测、预报、预警、预防、应急等方面的知识,既有自然科学知识,也有技术科学、社会科学知识,对公众的行为具有指导性。在宣传形式方面,应当注重多样化,并且随着社会发展和科技进步,不断创新宣传形式,丰富宣传内容。如建立完善气象科普馆和气象科普展室,编制防灾减灾科普教材、读本、挂图和音像制品;利用广播、电视、网络、报刊、宣传栏、电子显示屏等各种媒体,制作公益广告、专题节目,张贴宣传材料,开展网络在线交流,发送手机短信等。

第二章 规划建设

设立本章对加强气象灾害监测和预警能力建设,气象灾害防御规划编制,气象灾害应急基础工程规划建设,气象灾害防御方案实施,气象设施及气象探测环境保护具有重要意义。本章共七条,主要规定了县级以上人民政府是气象灾害防御规划编制的主体;气象灾害防御规划的内容;气象灾害防御方案编制;气象灾害监测和预警能力建设是县级以上人民政府的职责;气象灾害监测和预警设施及气象探测环境保护规定;气象灾害防御设施建设要求;气象灾害监测、预警设施因不可抗力遭受破坏时政府应履行的职责。

第八条 县级以上人民政府应当组织气象等有关部门,根据灾害分布情况、易发区域、主要致灾因素和上一级人民政府的气象灾害防御规划,编制本行政区域内的气象灾害防御规划,开展气象灾害普查,制定和完善防灾减灾措施,统筹规划防范气象灾害的应急基础工程建设。

【释义】本条是关于县级以上人民政府在气象灾害防御规划方面职责的规定。

一、规定了县级以上人民政府应当组织有关部门编制气象灾害防御规划。气象灾害防御规划是各级人民政府统一部署和一定时期内气象防灾减灾工作的指导性文件,是政府依法加强领导,落实有关政策,协调各部门工作,动员社会力量,开展气象防灾减灾工作的重要途径和手段。编制气象灾害防御规划的目的是贯彻气象防灾减灾工作方针,针对当地气象灾害影响的程度和防御的重点,明确气象防灾减灾工作在一定时期内的指导思想、原则和目标以及各方面工作的任务、措施,使气象防灾减灾工作在当地政府统一领导下协调、有序进行,并与国民经济建设和社会发展相适应。通过编制气象灾害防御规划明确本地区防御气象灾害工作的重点和提高气象防灾减灾能力的具体步骤,以达到有效防御气象灾害的目的。因此,规定县级以上人民政府应当组织有关部门编制气象灾害防御规划非常必要,而且意义重大。

气象灾害防御规划编制工作应当与当地有关规划相衔接。根据本条规定,气象灾害防御规划由县级以上人民政府组织有关部门编制,这充分体现了气象防灾减灾工作涉及各个政府部门,各部门在政府的统一领导下,分工负责、密切配合,保证气象灾害防御规划的全面、协调、可行。国民经济和社会发展规划是对国家或区域一定时期的社会和经济发展所作出的战略部署,是政府调节市场经济和促进社会发展的重要手段,对经济社会发展作用巨大。气象灾害防御规划中的基础项目和任务应落实到国民经济和社会发展计划及相关各项事业的发展规划、计划中。

二、规定了县级以上人民政府开展气象灾害普查,制定和完善防灾减灾措施,统筹规划防范气象灾害的应急基础工程建设。开展气象灾害普查是一项重大的国情国力调查,是提升气象防灾减灾能力的基础性工作。通过开展普查,摸清气象灾害风险隐患底数,全面客观认识气象灾害风险水平,提升气象灾害风险预报预警和管理能力,为政府及各部门有效开展气象灾害防治工作提供科学决策依据。气象灾害普查是开展气象灾害风险区划和评估工作的基础和依据。可以说,没有气象灾害普查结果,就无法开展气象灾害风险区划和评估。因此,本条例要求地方各级人民政府要按照国家防灾减灾有关规划和要求,综合考虑当地自然灾害特点,统筹安排经费投入,组织气象等有关部门认真开展历史气象灾害普查和每日气象灾害上报工作。气象灾害普查工作的主要内容是以县为普查地域单元,以灾害性天气过程和极端气候事件为普查时间单元,全面调查收集本行政区域历史上发生气象灾害的种类、频次、强度、造成的损失以及可能引发气象灾害及次生、衍生灾害等要素,以省为单位进行数据统计分析,质量控制和汇总上报。根据这些普查数据,建立甘肃省气象灾害数据库以及气象灾情典型案例库,并根据气象灾害的发生情况和特点,定期对数据库进行更新和充实。

各级人民政府是落实本地区气象灾害风险普查工作的责任主体,负责本地区普查工作的组织实施,协调解决重大事项。省、市、县三级气象部门在当地政府的统一组织下开展气象灾害风险普查工作。通过气象灾害普查结果以及风险区划和评估结果,制定和完善本区域内的防灾减灾措施,进而统筹规划防范气象灾害的应急基础工程建设。

第九条 气象灾害防御规划主要包括下列内容:
(一)气象灾害防御的指导思想、原则、目标和任务;
(二)气象灾害发生发展规律和防御工作现状;
(三)气象灾害易发区和易发时段;
(四)防御分区及战略布局重点;
(五)防御设施建设和管理;
(六)防御工程及保障措施;
(七)法律法规规定的其他内容。

【释义】本条是关于气象灾害防御规划内容的规定。

一、气象灾害防御规划是各级人民政府防灾减灾工作的科学依据,是政府依法加强领导,落实有关政策,协调各部门工作,动员社会力量,开展气象防灾减灾工作的重要途径和手段。编制气象灾害防御规划的目的是贯彻气象防灾减灾工作方针,明确气象防灾减灾工作在一定时期内的指导思想、原则和目标以及各方面工作的任务、措施,使气象防灾减灾工作在当地政府统一领导下协调、有序进行,并与国民经济建设和社会发展相适应。

二、本条规定了编制气象灾害防御规划的主要内容。由于地区不同,气象灾害发生的种类和时间不同,气象灾害防御规划的内容也应有所不同,气象灾害防御规划应因地因时制宜,力求切合实际,便于实施。气象灾害防御规划一般应包括以下内容:气象灾害防御规划编制的背景,以及本地区气象灾害防御工作的现状和面临的形势;指导思想、编制原则及规划总体目标;气象灾害防御战略布局重点,包括城市、农村、重要江河流域、重要交通干线与输变电线沿线、重点战略经济区;主要任务,包括提高气象灾害监测预警能力、加强气象灾害风险评估、提高气象灾害综合防范能力、提高气象灾害应急处置能力;气象灾害防御工程,涉及到城市气象灾害防御工程、农村气象灾害防御工程、高影响行业与重点战略经济区气象灾害综合监测预警评估工程、气象卫星工程、气象防灾科普教育工程等;保障措施,包括加强气象灾害防御工作组织领导、推进气象灾害防御法制建设、健全气象灾害综合防御机制、加大气象灾害防御科技创新力度、强化气象灾害防御队伍建设、完善气象灾害防御经费投入机制、提高全社会气象灾害防御意识、加强气象灾害防御国际合作等。

第十条 县级以上气象主管机构应当会同同级人民政府有关部门,依据气象灾害防御规划,拟订气象灾害防御方案,报本级人民政府批准后公布实施。气象灾害防御方案,应当根据实际情况及时进行修订。

【释义】本条是关于县级以上人民政府依据气象灾害防御规划编制气象灾害防御方案的规定。

一、规定了县级以上地方人民政府应当根据防御气象灾害的需要,制定气象灾害防御方案。气象灾害应急是气象灾害防御工作的重要环节之一,制定气象灾害防御方案,落实各项实施措施是最根本的应急准备。由于通过制定气象灾害防御方案,能够高效、有序地开展气象灾害防御和抢险救灾工作,防止次生灾害和衍生灾害的发生或者扩大,迅速恢复社会正常的生产、生活秩序,最大限度地减轻气象灾害造成的人员伤亡,减少经济损失。因此,《气象法》明确县级以上人民政府在"以预防为主,防御和救助相结合"的防灾减灾工作的方针指导下制定气象灾害防御方案。气象灾害防御方案是在气象灾害即将发生之前采取紧急防御措施和气象灾害发生后采取的应急救灾的行动计划。政府在组织制定气象灾害防御方案时应当从实际出发，做到切实可行。全国各地气象灾害的种类、强度、频度和造成的损失程度不同；各地的经济发展水平也有差别，抗御气象灾害的能力不同；各部门在气象灾害防御工作中的职责也有差别，因此必须有针对性地制定气象灾害防御方案。

二、规定县级以上地方人民政府应当根据气象主管机构提供的气象信息，组织实施气象灾害防御方案。气象灾害的防御是一项十分复杂的系统工程，气象灾害防御涉及到交通、铁路、民航、通信、水利、电力、卫生、石化、民政、公安、建设、新闻媒体等各有关部门和单位，需要各部门、各单位之间密切配合，同心协力，共同努力。因此，在《气象法》中明确规定县级以上人民政府应当根据气象主管机构提供的气象信息，组织实施气象灾害防御方案。

不同时期或者不同地区的气候资源开发利用和保护规划的编制应当因时因地制宜，力求切合实际，便于实施。随着社会经济的发展，特别是农业和农村经济的发展以及区域经济的开发，气候资源开发利用和保护的规划也应随之调整，并纳入当地人民政府的国民经济和社会发展计划。

第十一条 县级以上人民政府应当加强气象灾害监测和预警能力建设，增加监测密度，提升监测水平，构建气象灾害立体监测体系，建立灾害监测预警、预报网络体系，提高对气象灾害及其次生灾害的综合监测能力。

【释义】本条规定了加强气象灾害监测和预警能力建设是县级以上人民政府的职责。

本条所称的气象灾害预报，是人们基于对未来一段时间气象要素预报预测结果，预估可能出现的气象灾害。

广义上气象预报包括天气预报、气候预测。就预报时效而言，有短时天气预报(0～12小时)、短期天气预报(12～72小时)、中期天气预报(4～14天)、延伸期天气预报(15～30天)和月、季、汛期(5—9月)、年度气候预测等。由于不同灾害性天气时空尺度和可预报性的差异,预报时效越临近越精细。气候预测主要预测年景,降水、气温距平变化判断旱涝,分析干旱、低温、高温等气象灾害出现的可能性。延伸期预报主要预报未来15～30天的主要天气过程,可判断暴雨、大风、寒潮、霜冻、干热风等灾害的大致落区和可能性。中短期预报时效内进一步细化灾害性天气落区、强度。短时预报时效内对冰雹、雷电灾害落区有所把握。

灾害监测预警是指气象台站应用各类观测实况信息,监测灾害性天气情况,判断发展趋势,预计可能出现达到气象灾害预警发布标准的天气,及时发布气象灾害预警信息。

一、本条明确了县级以上人民政府是本级行政区域内气象灾害监测、预警、防御工作的行政领导机关,是负责此项工作的责任主体。

二、甘肃省气象灾害种类多、强度大、频率高,加强气象灾害监测预警能力建设,提供准确及时的气象预报预警信息服务,对提高灾害防御能力和保护人民生命财产安全具有很强的现实意义。本条要求在灾害性天气监测方面,要实现"天"与"地"相结合的立体气象观测系统,同时,要增加灾害性天气监测的时间、空间密度。甘肃省已建成了一个地面与卫星相结合的全方位、综合性、现代化的立体综合气象灾害监测体系,"天"与"地"相结合的立体气象观测系统,有力地提高了甘肃省气象灾害的监测技术水平;地面自动观测站网已实现1～5分钟一次探测资料上传,这使得地面探测资料的时间密度大幅增加,探测精度有效提高。

三、构建气象灾害立体监测体系,增加灾害性天气监测密度。对造成气象灾害的天气过程实现高密度、高频次观测,就可在第一时间及时捕捉到重要天气信息,对灾害性天气可能造成的影响提前做出防御准备。因此,对灾害性天气进行立体、高密度监测十分必要。截至目前,甘肃省已建立了站网密度适宜、布局基本合理、观测要素更加丰富的综合气象观测体系。

四、甘肃省立足气象探测现状和未来经济社会发展方向,围绕气象预测预警能力的提升,重点加强农业气象监测、高空气象探测、气象应急监测系统;完善地面自动气象监测网,在重点区域和行业气象服务方面有针对性地增加自动气象观测站和特种观测站,加强部门和行业的监测信息共享,实现对天气气候系统的高时空分辨率、高精度、全天候、长期持续稳定的监测。

五、高度重视提高气象灾害联合监测水平,多部门联合建设气象灾害综合监测网,气象与交通、电力、国土、农业、林业等部门进一步加强合作,建立电线积冰、高速公路结冰(大雾)、地质灾害、农林作物病虫害、森林火险、城市生命线运行保障等专项气象监测网。完善省、市、县三级运行保障体系,加强对气象探测设备的运行监控,提高气象探测装备维护维修能力,实现自动气象站等气象探测设备计量标校和检测工作的规范化、制度化。

六、重视做好灾害性、关键性、转折性重大天气监测和预警以及极端天气气候事件的预测,建立并完善气象灾害监测预警业务系统,提高预报的精细化程度、预警时效和准确率,围绕提高预报预测准确率的目标,完善网格化、精细化、分灾种的气象预报预测产品体系。进一步完善新一代天气预报业务工作流程,完善灾害性天气落区预报技术,依靠天气雷达、卫星遥感、自动气象站等综合探测技术,加强短时暴雨、雷电、冰雹等局地强对流天气的前期监测分析和预警能力建设,努力提高突发性气象灾害的临近预警时效。加强与有关部门合作,建立和完善城市气象灾害、农业气象灾害、水文气象灾害、交通气象灾害、地质灾害、大气环境灾害、森林火险、自然生态灾害等各类专业气象灾害服务平台,加强精细化预报能力建设,大力提高对国民经济各部门各行业有较大影响的各类专业气象灾害的预警能力。

七、建立并完善气象灾害预警信息发布系统,完善突发气象灾害预警信息发布制度。拓展气象预报信息发布系统功能,建立覆盖面广、响应及时、立体化的气象灾害预警信息发布体系,完善紧急异常气象短信服务平台,充分发挥社会公共媒体,有关部门和行业内部信息发布渠道的作用,及时发布各类气象灾害预报预警信息及简明的防灾避灾方法。

第十二条 县级以上人民政府应当按照国家规定的标准划定气象探测环境保护范围,并将保护范围纳入国土空间规划。

任何组织和个人不得在气象探测环境保护范围内实施危害或者可能危害气象探测环境的行为。

【释义】本条是关于气象灾害监测、预警设施和气象探测环境保护工作的规定。

一、县级以上人民政府应按照国家规定的标准划定当地各类气象台站气象探测环境的具体保护范围。《气象设施和气象探测环境保护条例》对各类气象台站的保护要求做出了明确规定。禁止实施下列危害大气本地站、国家基准气候站、国家基本气象站、国家气象观测站探测环境的行为:

(一)大气本底站

1. 在观测场周边3万米探测环境保护范围内新建、扩建城镇、工矿区,或者在探测环境保护范围上空设置固定航线;

2. 在观测场周边1万米范围内设置垃圾场、排污口等干扰源;

3. 在观测场周边1000米范围内修建建筑物、构筑物。

(二)国家基准气候站、国家基本气象站

1. 在国家基准气候站观测场周边2000米探测环境保护范围内或者国家基本气象站观测场周边1000米探测环境保护范围内修建高度超过距观测场距离1/10的建筑物、构筑物;

2. 在观测场周边500米范围内设置垃圾场、排污口等干扰源;

3. 在观测场周边200米范围内修建铁路;

4. 在观测场周边100米范围内挖筑水塘等;

5. 在观测场周边50米范围内修建公路、种植高度超过1米的树木和作物等。

(三)国家气象观测站

1. 在观测场周边800米探测环境保护范围内修建高度超过距观测场距离1/8的建筑物、构筑物;

2. 在观测场周边 200 米范围内设置垃圾场、排污口等干扰源；

3. 在观测场周边 100 米范围内修建铁路；

4. 在观测场周边 50 米范围内挖筑水塘等；

5. 在观测场周边 30 米范围内修建公路、种植高度超过 1 米的树木和作物等。

二、甘肃省县级以上国土空间规划委员会,应当将气象主管部门作为成员单位纳入。气象主管部门要将各类台站的气象探测环境保护范围和要求向同级自然资源主管部门备案。各级自然资源主管部门要将气象台站探测环境纳入保护范围,依法保护。国土空间总体规划编制及修改过程中涉及气象探测环境保护的部分应征求同级气象主管部门意见,未经征求意见不得审批。

三、任何组织和个人不得在气象探测环境保护范围内进行危及气象灾害监测、预警设施安全的爆破、钻探、采石、挖砂、取土等活动；不得设置障碍物及影响气象探测设施工作效能的高频电磁辐射装置；不得设置影响大型气象专用技术装备使用功能的干扰源；不得侵占、损毁、擅自移动气象灾害监测、预警设施或者侵占气象灾害监测、预警设施用地；不得挤占、干扰依法设立的气象无线电台（站）、频率；不得从事法律、行政法规和国务院气象主管机构规定的其他危害气象灾害监测、预警设施和气象探测环境的行为。

第十三条 县级以上人民政府应当按照气象灾害防御规划,加强气象灾害防御设施建设。在城市、乡镇以及气象灾害易发区域和气象灾害重点防御区域,建立气象灾害自动监测网点,在气象灾害易发地段设立警示牌；在城镇显著位置、人口集中居住区、旅游景点、机场、车站、高速公路、学校、重点工程所在地等场所,应当根据需要建立气象灾害监测、预警信息发布设施。

【释义】本条规定了各级地方人民政府在气象灾害防御工作中的职责,并对加强气象灾害防御设施建设提出了要求。

一、本条所指的气象灾害防御设施主要包括气象监测网络系统、专业专项气象灾害监测网络系统、灾害性天气预报平台、气象预警信息发布系统、气象灾害风险评估系统、气象灾害应急响应系统、气象灾害科普教育工程等。按照国家防御气象灾害的要求,气象灾害防御设施建设必须针对本地特点,围绕城市、农村、沿海、重要江河、重要交通干线与输变电线沿线、重点战略经济区等防御重点区域,统一规划布局,重点建设气象灾害防御配套项目和气象灾害防御工程,切实提高气象灾害防御薄弱地区的防灾减灾能力。如城市的主要气象灾害有城市内涝、干旱缺水、高温、霾以及城市热岛效应和空气污染以及其他导致人居气象环境恶化等,防御重点是要建设城市气象灾害风险评估和城市气象灾害的监测预警系统;农村主要是干旱、洪涝、低温、霜冻等气象灾害造成对粮食、经济作物、林业、牧业生产及生态环境的严重影响,加之农村防灾减灾能力薄弱等,防御重点是要加强农村气象灾害监测预警发布能力建设,提高农村气象灾害预警信息的覆盖面,建立和完善农村和农业气象灾害防御基础设施等。国务院有关部门和县级以上人民政府应遵循"政府领导、部门联动、社会参与"的机制,实施气象灾害防御规划,加强气象灾害防御设施的建设。国务院有关部门和县级以上人民政府应当结合当地实际重点加强气象灾害防御基础设施的建设,并将此工作纳入政府的灾害防御规划,统筹安排配套的专项工程、项目和经费预算,建立和完善气象灾害防御设施,全面提高气象灾害的防御水平。

二、关于建设气象灾害预警信息发布系统和信息接收、播发设施。多种手段互补的气象灾害预警信息发布系统和接收、播发设施,是保证各类气象灾害预警信息在灾害性天气来临前畅通无阻地传递到全社会和人民群众的重要手段,是县级以上地方人民政府构建气象灾害防御体系中的重要组成部分;在城市、乡镇以及气象灾害易发区域和气象灾害重点防御区域,加密建立气象灾害自动监测点,可以有效地监测灾害性天气的发生和发展,为采取有效的防御措施提供依据;同时,在气象灾害易发地段设立警示牌或流动警示岗,是防御灾难发生的有效举措;因此,在城镇显著位置、人口集中居住区、旅游景点、机场、车站、高速公路、学校、重点工程所在地等场所，根据需要建立气象灾害监测、预警信息发布设施，是灾害防御非常有效的措施。目前，由各级气象主管机构所属的气象台站制作的气象灾害预警信息主要是通过气象灾害预警信息发布系统及时向全社会发布、传递的。气象灾害预警信息发布系统泛指国家广播系统、卫星专用广播电视系统、无线电数据系统、移动通信群发系统、中国气象频道等。气象灾害预警信息主要包括气象灾害预警和灾害性天气预警信号，其接收和播发设施种类较多，一般是指广播、电视、电话、报刊、手机短信、电子显示屏、有线广播、互联网等，目前常见的易于在特定场所设置和安装的有各种电子显示屏、小区大喇叭等设施，尤其是电子显示屏在街道、社区、乡镇和人员密集的公共场所都可以安装。这些发布系统、接收和播发设施作为广播、电视、报纸、电信等媒体的有效补充，可以更好地将气象灾害预警信息及时传递给社会公众，尤其是人员密集场所，有效扩大了气象灾害预警信息传播覆盖面。因此县级以上地方人民政府应当重视建立和完善气象灾害预警信息发布系统，根据气象灾害防御的需要，增加在特定区域气象灾害预警信息的接收和播发设施建设，并将此列入地方政府气象灾害防御体系中统一规划、建设和管理，建立起"政府领导、部门联动、社会参与"的气象灾害防御机制。

第十四条 气象灾害监测、预警设施受法律保护，任何组织或者个人不得侵占、损毁或者擅自移动。

气象灾害监测、预警设施因不可抗力因素遭受破坏时，当地人民政府应当采取紧急措施，组织修复。

> **【释义】** 本条规定了对气象灾害监测、预警设施的保护以及当灾害监测、预警设施因不可抗力遭受破坏时政府的职责。

保护气象灾害监测、预警设施，对于保证气象灾害监测、预警设施正常、稳定、可靠地运行，确保准确、及时地获取气象探测信息具有非常重要的意义。气象灾害监测、预警设施的安置必须符合相应的技术要求并保持长期稳定。为了切实保护好气象灾害监测、预警设施,防止和制止人为破坏和不可抗力破坏气象灾害监测、预警设施给气象工作带来的不可弥补的损失,本条规定了以下两方面内容:

一、规定了国家对气象灾害监测、预警设施的保护以及组织和个人在保护气象灾害监测、预警设施方面的义务。气象事业是科技型、基础性、先导性社会公益事业,气象灾害监测、预警设施是气象业务活动的基础设施,属于国有公共资产。近年来,随着甘肃省综合气象观测系统建设的快速推进,大量的气象探测设施在全省范围内进行了室外安装和布设,但气象灾害监测、预警设施被毁、被盗情况十分严重,这不仅浪费了国家大量的资金,而且干扰了气象工作的正常进行,严重影响到气象探测资料序列的连续性,从而影响到气象监测、预报工作的进行和气象灾害的预防。过去出台的有关法规性文件,对保护气象灾害监测、预警设施起到了一定作用,但是,由于层次低,效力低,不能适应实际工作的需要。为了加大执法力度,使气象灾害监测、预警设施的保护有法可依,《气象法》明确了国家对气象灾害监测、预警设施的保护,以及任何组织或者个人不得侵占、损毁或者擅自移动气象灾害监测、预警设施。在本条例中进一步明确相关规定,这对依法保护气象灾害监测、预警设施必将起到积极的作用。

二、规定了因不可抗力使气象灾害监测、预警设施受到破坏时当地政府应当采取紧急措施予以修复,确保气象灾害监测、预警设施正常运行。本条规定的不可抗力主要有两层意思:一是由于暴雨、冰雹、龙卷风、地震、山洪、泥石流、山体滑坡、沙尘暴等自然灾害的原因,致使气象灾害监测、预警设施遭受破坏;二是由于战争等行为致使气象灾害监测、预警设施遭到破坏。无论是哪种原因,当地人民政府都应立即组织力量进行修复,确保气象灾害监测、预警设施的正常运行,避免气象工作的中断,造成不可挽回的损失。

第三章　监测预警

　　对灾害性天气进行精密监测,是气象工作的基础;灾害性天气预警信息是气象工作中极其重要的组成部分,是气象为国民经济、国防建设、社会发展和人民生活提供服务的主要手段。设立本章对加强气象灾害监测体系建设、规范气象灾害预警信息发布及响应,保障经济建设顺利进行和保护人民生命财产安全具有重要的作用。本章共六条,主要规定了县级以上人民政府应组织建立和完善气象灾害监测体系;气象灾害监测网络成员单位应接受气象主管机构的指导、监督和行业管理;县级以上气象主管机构应当建立气象灾害防御信息平台,有关部门要在气象防灾减灾中实现信息资源共享;气象台站开展预报预警业务和相应决策气象服务的要求;县级以上气象主管机构,要指导成员单位对灾害性天气开展应急观测,以及气象台站之间联防、会商和发布预警信息的要求;媒体应当及时播发或者刊登当地气象主管机构所属的气象台站提供的适时气象灾害预警信息;乡镇人民政府、街道办事处等基层组织在收到当地气象主管机构所属的气象台站发布的气象灾害预警信息后,应当及时采取措施向本辖区公众广泛传播。

　　第十五条　县级以上人民政府应当按照合理布局、有效利用的原则,组织建立本行政区域气象灾害监测网络。
　　气象灾害监测网络成员单位包括气象主管机构所属的气象台站和其他有关部门、单位所属的气象观(监)测台站、哨点,其工作接受气象主管机构指导、监督和行业管理。

> **【释义】**本条规定了县级以上人民政府应组织建立和完善气象灾害监测体系;气象灾害监测网络成员单位应接受气象主管机构的指导、监督和行业管理。

一、本条第一款规定了县级以上地方人民政府在完善气象灾害监测体系中的职责。气象灾害发生后,密切跟踪气象灾害的发展趋势,做好气象灾害的监测,及时为各级政府和部门提供准确的气象灾害信息是整个应急响应行动的基础。经过多年的建设和发展,甘肃省已建成了综合气象观测系统,各级气象主管机构基本实现了县县有站点,在气象灾害监测和服务中发挥了重要作用。但是,由于灾害性天气的发生发展具有突发性、局地性、发展迅速等特点,各级气象主管机构所属的气象观测站点尚不能满足局地灾害性天气监测的需要,特别是不能满足发生范围小、持续时间短、地方性特征明显的中小尺度灾害性天气监测的需要。另外,各级气象主管机构所属的气象站点基本上是固定的,缺少机动性,不能满足在气象灾害发生的现场和附近开展监测的需要,为气象灾害防御决策、抗灾救灾和灾害评估提供更加充分完整准确的依据。为了解决这一问题,迫切需要以现有气象灾害监测系统为基础,根据气象灾害防御的需求,加快建设应急移动或固定加密站点,改造升级现有气象灾害监测设施,增强气象灾害监测的机动性,提高气象灾害监测能力和时效。因此,本条第一款明确规定县级以上地方人民政府应当承担建设气象灾害监测设施,完善气象灾害监测体系的责任。气象灾害监测设施建设的主体是县级以上人民政府,各级气象主管机构要在政府的领导下,发挥优势,积极参与气象灾害监测设施建设和运行的组织和管理,做好技术支持工作,确保发挥效益。同时,县级以上地方人民政府应当根据当地气象灾害监测的需要,建立专职或兼职的气象灾害监测队伍,加强气象灾害监测知识和技能的培训,确保气象灾害监测工作顺利开展。本条中所指的气象灾害监测设施,包括固定或应急移动指挥、固定或应急移动观测、固定或应急移动预报、固定或应急移动通信等设施。这些监测设施必须在国务院气象主管机构或省级气象主管机构的统一规划、统一标准、统一规范下进行建设。

二、本条第二款规定了哪些单位属于气象灾害监测网络成员单位,并明确了除气象主管机构所属的气象台站外的其他有关部门、单位所属的气象观(监)测台站、哨点,其工作应接受气象主管机构指导、监督和行业管理。除各级气象主管机构所属的气象台站外,水利、交通、海洋、兵团、农垦、森工、盐业等部门或行业,根据各自的需要也建设了一些气象台站和气象灾害监测网络。同时,水利、农业、规划、国土、交通、财政等部门乃至公共媒体,都在采取不同手段,通过各种途径收集雨情、水情、旱情等各种气象灾害信息。构建多部门协作共享的气象灾害监测信息平台,充分发挥有关部门的作用,快速、准确地收集各部门的气象灾害监测信息,统一标准、统一要求、互联互通,对各部门或行业气象灾害监测信息网络进行有效整合,可以减少重复建设,有效地发挥各类气象灾害信息的作用,提高气象防灾减灾及时性、有效性,增强政府决策的准确性。由于这项工作涉及到各部门或行业的密切协作,只有在政府领导、组织和协调下,气象主管机构才能有效地开展行业管理。因此,本条第二款规定县级以上人民政府应当整合完善气象灾害监测信息网络,实现信息资源共享。

第十六条 县级以上气象主管机构应当建立气象灾害防御信息平台,及时向有关部门和单位提供气象灾害监测、预报、预警信息;有关部门和单位应当按照各自职责提供与气象灾害有关的大气、水文、环境、生态等监测信息,并相互及时通报预报、预警信息。

【释义】本条是气象主管机构以及政府职能部门在气象灾害监测预警工作中的权力和义务。

本条第一款规定了县级以上气象主管机构应当建立气象灾害防御信息平台。气象灾害防御信息平台集气象灾害监测、预报、预警为一体,是防御气象灾害的基础设施,没有现代化的监测、预报、预警平台,就谈不上有效地防御和减轻气象灾害造成的损失。加强气象防御信息平台建设,增强气象防灾减灾能力,提高气象防灾减灾效益,是各级气象主管机构的职责所在。

各级气象主管机构所属的气象台站具有向有关部门和单位提供灾害性天气监测、预报、预警信息的责任和义务。近年来,甘肃省气象局印发《甘肃省灾害性天气监测预警预报能力提升工作方案》,初步建成分灾种、分区域、分时段、分强度、分影响的极端天气监测预警服务体系。印发《甘肃"递进式"气象预报预警服务工作方案(试行)》,完善决策气象服务业务流程。印发《甘肃省气象局面向党委政府领导的重大天气过程直通式气象服务方案》《甘肃省气象局重大灾害性天气叫应服务工作方案》,进一步规范重大灾害性天气"叫应"服务标准和工作流程,持续完善气象灾害应急联动机制。针对灾害性天气过程,甘肃省各级气象部门及时向各级政府及有关单位提供监测、预报、预警信息,从时间、空间、强度"三维度",分层、分级、分时依次开展、全程跟进、递进服务。各类气象预报预警信息成为各级政府开展防汛调度的重要依据,气象防灾减灾第一道防线作用得以充分发挥。

本条第二款规定了有关部门在气象防灾减灾中信息资源共享的职责。气象防灾减灾工作涉及气象、水利、农业、林业、规划、国土、交通、财政、民政、电信等部门和公共媒体等,需要多部门密切协作,全社会共同努力。因此各级气象主管机构所属的气象台站、其他有关部门所属的气象台站和与灾害性天气监测、预报有关的单位,应当根据气象灾害防御的需要,按照《气象法》赋予和国务院"三定方案"明确的职责开展监测工作,并及时向气象主管机构和有关灾害防御、救助部门提供雨情、水情、风情、旱情以及大气、水文、环境、生态等监测信息,为气象灾害防御、救助决策提供依据。各级减灾协调机构要认真履行气象灾害防御的综合协调职责,进一步完善气象、公安、民政、国土资源、建设、铁道、交通、信息产业、水利、农业、卫生、环保、民航、安全监管、林业、旅游等各有关部门互联互通的灾害信息共享机制,加强灾害应对工作的协调联动,实现相关灾情、险情、预报、预警等信息实时共享,形成防灾减灾工作合力。

第十七条 县级以上气象主管机构及其所属的气象台站应当做好灾害性天气预报、预警和旱涝趋势气候预测,及时向当地人民政府报告,并通报相关防灾减灾机构和其他有关部门。

气象台站应当加强对灾害性天气气候预测和气象防灾减灾的科学技术研究,提高灾害性天气气候预报、预警的准确率、时效性和有效性。

> **【释义】** 本条规定了气象台站开展预报预警业务和相应决策气象服务的要求。

一、灾害性天气预报、预警是对预报责任区内可能出现的暴雨、暴雪、大风、沙尘、大雾、冰雹、雷电等灾害性天气的落区、强度、发生时段的预报。随着预报时效的推移,开展递进式服务。

气象部门预测年景、干旱趋势发布气候预测和延伸期预报产品。气候预测是对月、季、年到年代际的偏离气候平均值的变化或变率的预判。预测对象一般分为平均值、总量、距平,或者预报时段内的倾向、趋势、等级、概率等。延伸期预报(15～30天)主要预报重大天气过程,降水、气温趋势、距平。

二、各级气象台站制作的气象灾害预警信息、重大天气过程预报、气候预测产品,以决策气象服务产品形式,向当地人民政府和相关防灾减灾部门发送。

三、当前,我国进入"两个一百年"的历史交汇期,踏上全面建设社会主义现代化国家的新征程,统筹发展和安全对防范气象灾害风险的要求越来越高。优质服务"生命安全、生产发展、生活富裕、生态良好",切实发挥气象防灾减灾第一道防线作用。要面向生命安全,健全分灾种、分行业气象灾害监测预报预警体系,需依靠科技创新,提高灾害性天气监测预报预警技术水平,夯实基层能力,加强市县级监测预警能力建设;加强纵向联动,强化省级指导支撑作用,发挥市(州)、县(市、区)级主体作用;贯通横向衔接,充分应用观测资料、模式支撑产品,加固预报预警技术基础。

第十八条 可能发生气象灾害时,县级以上气象主管机构应当指导有关监测网络成员单位进行应急观测,气象台站应当组织跨区域预报会商和监测联防,并根据天气变化情况,及时发布气象灾害预警信息。

> 【释义】本条规定了县级以上气象主管机构,在可能发生气象灾害时,要指导成员单位对灾害性天气开展应急观测,以及气象台站之间联防、会商和发布预警信息的要求。

一、为适应地面气象观测自动化改革业务运行需要,规范地面气象应急观测工作,保障地面气象观测自动化后预报、服务业务需求,中国气象局在2020年印发了《地面气象应急观测管理办法》(中气函〔2020〕42号)。当有可能发生灾害性天气时,各级气象台站要按照《地面气象应急观测管理办法》规定的"指令"启动规程,启动应急观测。同时,县级以上气象主管机构要指导有关监测网络成员单位按要求开展应急观测,为防灾减灾提供最直接的依据。

二、观测指令发布和实施

(一)申请

申请开展地面气象应急观测时,需填报地面气象应急观测申请表,说明应急观测的理由、站点、观测要素、起止时间和时次,由本单位负责人审核签署意见后报观测业务主管部门。

申请应急观测要充分考虑到通信传输、台站准备等因素,一般应在首个应急观测时次24小时前提出申请。

(二)发布

观测业务主管部门接到地面气象应急观测申请后,报请负责人审核同意后,在2小时内发布"地面气象应急观测指令"。相关单位观测业务主管部门收到指令后应予以确认。

(三)执行

相关单位接到指令后应立即部署并组织台站做好应急观测准备工作。

开展应急观测的台站,需按照地面气象观测业务相关技术规定和应急观测指令要求,做好应急观测工作。

国家级和省级气象信息中心应及时做好应急观测资料的传输监控、收集处理和共享服务等工作。

国家级和省级气象探测中心应及时做好应急观测期间的气象观测装备的运行保障和储备物资供应等工作。

(四)解除

应急观测指令中明确结束时间的,在最后一次应急观测结束后自动解除应急观测;应急指令中未明确结束时间或需要提前结束观测的,由应急观测指令发布单位发布应急观测解除指令。相关单位收到指令后应予以确认。

自动启动的应急观测待天气过程结束后自动解除。

三、省、市(州)、县(市、区)三级气象台灾害性天气监测区域划分为责任区、警戒区、监视区。 本行政区为其责任区,责任区边界外延 50 千米为警戒区,警戒区边界外延 50 千米为监视区。各级气象台可根据当地灾害性天气特征、天气系统上下游规律和气象观测网布局等情况,适当调整本级气象台的监视区和警戒区范围。

当预计发生或者已发生灾害性天气时,各级气象台向上一级气象台报告,并视灾害性天气严重程度实时组织短时临近天气预报专题会商。会商可采用现场会商、视频会商、电话会商、网络会商等形式。

与相邻省邻近气象台的区域联防由省气象台和省际相邻气象台负责。区域联防主要以强对流天气监测、灾情、预报和预警信息等信息通报为主。省内相邻市、县气象台开展上下游气象台之间灾害性天气联防,及时通报并记录灾害性天气实况、灾情、预报和预警等联防信息。

四、气象灾害预警信息包括气象灾害预警和预警信号,是气象台站对责任区内可能出现的暴雨、暴雪、寒潮、沙尘暴等本地气象灾害的落区、强度的预警、风险提示和防御建议。 气象灾害预警是决策服务产品,主要面向政府和决策部门,用于政府层面的应急准备和部门联动,是启动气象灾害应急响应的重要依据。气象灾害预警信号是短临预警产品,主要针对本地突发或易发气象灾害的预报预警及公众防御。

目前甘肃省预警信息发布业务布局由省级气象台发布气象灾害预警,市(州)、县(市、区)气象台发布预警信号。

第十九条 广播、电视、报纸、通信和互联网等媒体或者信息服务单位,应当及时播发或者刊登当地气象主管机构所属的气象台站提供的适时气象灾害预警信息,标明发布时间和发布单位的名称,并根据当地气象台站的要求及时增播、插播或者刊登。

【释义】本条是关于媒体刊播气象灾害预警信息有关要求的规定。

一、**本条规定了气象灾害预警信息发布渠道**。近年来,面对公众对气象服务日益增长的需求,气象服务产品不断丰富,信息发布手段不断完善,公众气象服务信息覆盖面不断扩大。气象预报为公众服务的形式、内容、频次等都有了很大的改进和发展。除通过广播、电视、报刊、电话为公众提供气象预报服务外,近几年来,电子通信行业发展迅速,网络和手机等通信工具及电子显示屏等,成为了广大人民群众获取气象灾害预报预警信息的重要手段。2006年,中国气象频道成功开办,进一步扩大了气象信息的传播面。因此,通过广播、电视、报纸和电信发布气象预报已成为向社会公众提供气象服务的主要手段,也是党和政府关心人民群众的体现。《气象法》明确规定广播、电视、报纸、电信等媒体向社会传播气象预报和灾害性天气预警信息,必须使用气象主管机构所属的气象台站提供的适时气象信息,同时还要标明发布时间和气象台站的名称。为使《气象法》的有关规定细化,本条例规定作为气象灾害预警信息的主要传播手段,一方面,广播、电视、报纸、电信等媒体有义务在灾害性天气来临之前,及时向社会播发或者刊登由气象主管机构所属的气象台站直接提供的气象灾害预警信息,共同维护经济社会稳定和人民生命财产安全。另一方面,广播、电视、报纸、电信等媒体对突发灾害性天气预警信息、气象灾害预警信号有及时增播、插播或者刊登的责任。由于天气往往瞬息万变,特别是中小尺度灾害性天气系统突发性强,造成的影响大。而广播、电视、报纸定时播发和刊登的气象预报信息,远远不能满足防灾减灾的需求。为保证最新的气象预报信息,特别是气象灾害预警信息能及时传递给公众,确保人民群众生命财产安全,因此本条对媒体刊播气象灾害预警信息,应当根据当地气象台站的要求及时增播或者插播做出了明确规定。

二、规定了气象灾害预警信息的使用要求。气象灾害预警信息不仅关系到人民生命财产的安全,而且直接影响到人民群众的生产、生活。近年来,某些媒体随意转抄、摘抄气象预报向社会传播的事件时有发生,这种气象预报无序刊播,不仅侵害了气象台站的合法权益,更严重的是转抄、摘抄中产生的谬误有可能给国民经济和人民生命财产造成损失,在社会上造成不良影响。为加强对气象信息传播的管理,《气象法》中明确规定广播、电视、报纸、电信等媒体向社会传播气象预报和灾害性天气预警信息,必须使用气象主管机构所属的气象台站提供的适时气象信息,同时还要标明发布时间和气象台站的名称。坚决制止和依法处理非法向社会制作、传播、转播和发布气象预报的行为。

第二十条 乡镇人民政府、街道办事处在收到当地气象主管机构所属的气象台站发布的气象灾害预警信息后,应当及时采取措施向本辖区公众广泛传播。

乡镇人民政府、街道办事处应当确定人员负责接收和传播气象灾害预警信息,对偏远地区人群,督促村(居)民委员会和有关单位采取高音喇叭、鸣锣吹哨、逐户告知、微信短信等多种方式及时传播气象灾害预警信息。

> **【释义】** 本条规定了基层在气象灾害预警信息传播相应工作中的职责。

气象灾害局地性强,往往对乡镇、农村地区产生较大影响。乡镇人民政府、街道办事处要注重乡镇(街道)—村(社区)预警工作体系建设。乡镇(街道)应当完善相关工作制度,明确预警协理员、村级预警信息员,村(社区)要建立预警工作站并落实专人负责日常工作,建立预警信息员队伍并明确其职责,形成预警信息传播工作包片到户的工作机制,实现预警信息在农村"最后一公里"全覆盖。涉及防灾减灾工作的相关部门,建立与所在县突发事件预警信息发布系统互联互通的发布平台,落实专兼职工作人员负责预警信息发布工作,将可能遭受灾害影响的相关单位的预警责任人纳入本系统(行业)的预警工作群组,实现预警信息在本系统(行业)的全覆盖。

乡镇人民政府、街道办事处应当密切关注气象灾害预警信息,各有关部门有关单位按照突发事件预警信息发布管理办法所规定的发布权限做好责任范围内的预警信息发布工作。在收到气象预警信息后,应根据本行业系统特点,有针对性地完善防御措施,通过预警信息发布平台或自建渠道及时向系统(行业)内相关负责人、应急责任人和管理对象发送。有关乡镇(街道)、村(社区)在收到预警信息后,应当根据本辖区内的灾害特点,补充完善防御措施,通过预警信息发布平台或自建渠道及时向辖区内应急责任人、风险区重点人群和社会公众广泛发布,努力提高预警信息覆盖面。各类新闻媒体要及时、准确、无偿播发或者刊载预警信息。紧急情况下,基础电信运营企业要无偿向本地全网用户发送应急短信,提醒社会公众做好防御准备。

各村(社区)及各单位当获悉预警信息后,及时通过预警信息发布平台、微信群、手机短信、电话、警报器、电子显示屏、宣传车、高音喇叭或组织人员逐户通知等方式,及时发布预警信息。对老、幼、病、残、孕等特殊人群以及医院、学校等特殊场所和预警盲区,应当采取有针对性的公告方式。同时,积极采取措施做好防范应对工作,及时向社会公众广泛宣传即将发生的重大气象灾害的特点和可能造成的危害,及其避免和减轻危害的常识、咨询电话等,并指导督促有关村、学校、企业等做好防范应对准备,正确处理危机,维护社会稳定,最大限度地减轻和消除重大气象灾害可能造成的危害。

第四章 灾害预防

气象灾害重在预防,全面系统的预防措施是减轻气象灾害损失的重要前提。本章共七条,主要规定了气象灾害普查、气象灾害风险评估、气象灾害防御措施、气象灾害防御工程、人工影响天气、雷电防护等内容。

第二十一条 县级以上人民政府有关部门在国家重大建设工程、重大区域性经济开发项目和大型太阳能、风能等气候资源开发利用项目以及国土空间规划编制中,应当统筹考虑气候可行性和气象灾害的风险性,避免、减轻气象灾害的影响。

> 【释义】本条是关于气候可行性论证和气象灾害风险评估的规定。

一、**关于气候可行性论证和气象灾害风险评估的概念**。《气候可行性论证管理办法》(中国气象局令第18号)第二条第二款规定"本办法所称气候可行性论证,是指对与气候条件密切相关的规划和建设项目进行气候适宜性、风险性以及可能对局地气候产生影响的分析、评估活动"。《甘肃省气象灾害风险评估管理办法》(甘肃省人民政府令第113号)第三条规定"本办法所称气象灾害风险评估,是指对本行政区域内可能发生的,对人民生命财产安全、经济社会发展产生重大影响的气象灾害,以及与气象条件密切相关的城乡规划、重点领域或者区域发展建设规划和建设项目进行气候可行性、气象灾害风险性等分析、评估的活动。"

二、作出本条规定的主要考虑是:

(一)在进行国家重大建设工程和重大区域性经济开发项目时,不合理地开垦土地、大型水利工程建设和大范围的农业结构调整以及滥伐森林,将引起自然生态系统的破坏,改变地表水、热平衡的性质,其结果是引起气候恶化,特别是局地气候的变化,表现为旱、涝、寒、热灾害加剧,甚至产生沙漠化、水土流失等严重后果。

(二)太阳能、风能是清洁可再生能源,在甘肃省具有广阔的利用前景。但是,如何充分利用这部分气象能源,需要对太阳能、风能利用地区及场址选择等进行气候可行性论证。由于太阳能、风能利用设施造价较高,一旦布局规划失策,将会造成大量浪费。

(三)在进行城市规划等国土空间规划编制时,由于新建或者扩建城市的基础设施,将改变城市的光、热、水等气象要素的数量与分布,造成局地气候的改变,从而导致城市热岛效应和高大建筑物之间的狭管效应。有的建筑物由于规划时对气候条件未进行充分的论证,加之没有采取有效的防护措施,一旦气象异常,则可能导致财产损失,甚至人员伤亡,如大城市由于建筑物之间的狭管效应,瞬间风速极大,吹倒广告牌,造成行人伤亡事件发生。此外,统筹考虑气候可行性和气象灾害的风险性,能保证建筑物或者构筑物适应当地气候条件,如风压、雪压,同时有效利用光、热、水等气候资源,减轻空气污染,另一方面保证城市规划及所实施的建设项目不对城市的气候资源造成破坏而导致局地气候的恶化。

三、制定本条的主要参考依据有:

(一)《气象法》第三十四条"各级气象主管机构应当组织对城市规划、国家重点建设工程、重大区域性经济开发项目和大型太阳能、风能等气候资源开发利用项目进行气候可行性论证"。

(二)国务院《气象灾害防御条例》第二十七条"县级以上人民政府有关部门在国家重大建设工程、重大区域性经济开发项目和大型太阳能、风能等气候资源开发利用项目以及城乡规划编制中,应当统筹考虑气候可行性和气象灾害的风险性,避免、减轻气象灾害的影响"。

(三)2016年5月19日,《国务院关于印发清理规范投资项目报建审批事项实施方案的通知》(国办发〔2016〕29号)"(四)涉及安全的强制性评估5项。气象部门1项:重大规划、重点工程项目气候可行性论证。"

（四）《气候可行性论证管理办法》（中国气象局令第18号）第四条"与气候条件密切相关的下列规划和建设项目应当进行气候可行性论证：(1)城乡规划、重点领域或者区域发展建设规划；(2)重大基础设施、公共工程和大型工程建设项目；(3)重大区域性经济开发、区域农(牧)业结构调整建设项目；(4)大型太阳能、风能等气候资源开发利用建设项目；(5)其他依法应当进行气候可行性论证的规划和建设项目"。

（五）《甘肃省气象灾害风险评估管理办法》（甘肃省人民政府令第113号)第七条"县级以上人民政府在编制城乡规划、重点领域或者区域发展建设规划时,应当进行气象灾害风险评估。第九条"建设单位下列建设项目的论证,应当具有气象灾害风险评估的相关内容：(1)国家重点建设工程、重大基础设施、公共工程以及其他大型工程建设项目；(2)重大区域性经济开发项目；(3)大型太阳能、风能等气候资源开发利用建设项目；(4)涉及公共安全的危险化学品、民用爆炸物品、烟花爆竹、放射性物品、核能物质等易燃、易爆、危险物品的生产、仓储场所建设项目；(5)气象灾害易发区内的建设项目；(6)法律、法规规定的其他需要进行气象灾害风险评估的项目"。

第二十二条 在气象灾害易发区进行重大基础设施建设、公共工程建设,在可行性研究阶段应当对气象灾害风险进行评估。

> 【释义】本条是关于重大基础设施和公共工程建设开展气象灾害风险评估的规定。

在进行重大基础设施建设、公共工程建设时,不合理地开垦土地、大型水利工程建设和大范围的农业结构调整以及滥伐森林,将引起自然生态系统的破坏,改变地表水、热平衡的性质,其结果是引起气候恶化,特别是局地气候的变化,表现为旱、涝、寒、热灾害加剧,甚至产生沙漠化、水土流失等严重后果。因此,本条明确：重大基础设施建设、公共工程建设,在可行性研究阶段应当对气象灾害风险进行评估,其工作由各级气象主管机构组织。

气象灾害风险评估是一项综合研究气象灾害危险性、承灾体脆弱性的工作,它以气象灾害普查数据为基础,通过确定气象灾害损失指标,建立灾情序列,制定出致灾因子等级指标,构建致灾因子概率分布函数,建立起气象灾害风险评估模型。气象灾害风险评估系统可以对历史上的气象灾害进行评估,其结果可为经济社会发展布局和编制气象灾害防御、救灾及灾后重建方案、应急预案提供科学依据。也可以对可能发生的气象灾害进行评估,通过对灾害可能造成影响进行估算与测算,预判灾害的等级和可能造成的危害,为当地政府采取有效的气象灾害应急防御部署和措施提出合理化建议。

随着经济社会发展,全球气候变暖加剧,甘肃省地形地貌复杂,极端气候事件多发频发,气象灾害及其引发的次生、衍生灾害对人民生命财产和经济社会发展造成严重影响,机场、开发区、工业园区等基础设施的规划和建设对天气气候特别是灾害性天气的敏感度和脆弱性加大。因此,开展机场、园区等基础设施气候适宜性和风险性论证工作势必能够从源头上有效避免或者减轻机场、园区等基础设施的规划和建设遭受极端气象灾害的不利影响,对于其规划、建设、运营以及气候资源开发利用等意义重大。

第二十三条 对经评估认为可能遭受气象灾害危害的建设工程,应当配套建设河堤、水库、防风林、城市排水设施、紧急避难场所等气象灾害防御工程。气象灾害防御工程的设计、施工和验收应当与主体工程的设计、施工、验收同时进行。

【释义】本条是关于气象灾害防御工程建设的规定。

河堤、水库、防风林、城市排水设施和紧急避难场所等的建设可以有效地减轻和减少暴雨、大风等气象灾害造成的灾害。如人民政府在制定城市规划时,要合理安排公园、城市广场、公共绿地、体育场等场所并配备必要的设施,以使这些场所在发生暴雨、大风等气象灾害时可以临时用作避难场所。因此,本条第一款规定,对经评估认为可能遭受气象灾害危害的建设工程,应当配套建设河堤、水库、防风林、城市排水设施、紧急避难场所等气象灾害防御工程,并定期组织开展建(构)筑物防风避险的监督检查,使各级政府、有关部门和单位组织防灾减灾更具针对性。

县级以上人民政府实施气象灾害防御规划,按照"政府领导、部门联动、社会参与的机制,结合本地实际,全面提高气象灾害防御水平。本条所指的气象灾害防御工程主要包括气象监测网络系统、专业专项气象灾害监测网络系统、灾害性天气预报平台、气象预警信息发布系统、气象灾害风险评估系统、气象灾害应急响应系统、气象灾害科普教育工程等。按照国家防御气象灾害的要求,气象灾害防御工程建设必须针对本地特点,围绕城市、农村、重要江河、重要交通干线与输变电线沿线、重点战略经济区等防御重点区域,统一规划布局,重点建设气象灾害防御配套项目和气象灾害防御工程,切实提高气象灾害防御薄弱地区的防灾减灾能力。如城市的主要气象灾害有城市内涝、干旱缺水、高温、霾以及城市热岛效应和空气污染以及其他导致人居气象环境恶化等,防御重点是要建设城市气象灾害风险评估和城市气象灾害的监测预警系统;农村主要是干旱、洪涝、低温、霜冻等气象灾害造成对粮食、经济作物、林业、渔业生产及生态环境的严重影响,加之农村防灾减灾能力薄弱等,防御重点是要加强农村气象灾害监测预警发布能力建设,提高农村气象灾害预警信息的覆盖面,建立和完善农村和农业气象灾害防御基础设施等。

县级以上人民政府应遵循"政府领导、部门联动、社会参与"的机制,实施气象灾害防御规划,加强气象灾害防御设施的建设。县级以上人民政府应当结合当地实际重点加强气象灾害防御基础设施的建设,并将此工作纳入政府的灾害防御规划,统筹安排配套的专项工程、项目和经费预算,建立和完善气象灾害防御设施,全面提高气象灾害的防御水平。

第二十四条 县级以上气象主管机构应当加强与相邻省份对灾害性天气的联合监测、预警工作,及时提出气象灾害防御措施,为本级人民政府组织防御气象灾害提供决策依据。

> **【释义】** 本条规定了各级气象主管机构及其所属的气象台站应对灾害性天气实行联合监测和预警,并向本级人民政府提出气象灾害防御措施。

气象灾害因其发生发展的特点及强度不同,具有一定的影响范围。这种范围是由天气系统的变化所决定,往往跨行政区域发生。本条规定明确了各级气象主管机构应当组织对重大灾害性天气的跨地区、跨部门的联合监测、预警工作。联合监测、预警,是指当灾害性天气发生时,按照联防协作规定,打破省、区和部门的界限,上游气象台站要及时向下游气象台站通报天气实况和灾害性天气变化的信息,加密天气监测,及时组织不同形式的天气会商,共同做好灾害性天气的监测、预报、预警和服务等。长期以来,各级气象主管机构所属的气象台站始终坚持联防协作,取得了很好的效果,并制定了相应的规定加以规范化。《短时临近天气业务规定》(气办发〔2017〕32号)文件规定,当预计发生或者已发生灾害性天气时,各级气象台应当及时组织灾害性天气短时临近天气预报专题会商。会商可采用现场会商、视频会商、电话会商等形式。经充分会商后,各级气象台对相同区域的预报结论应当协调一致。省、市、县三级气象台应当充分利用省市县一体化短时临近天气预警业务系统和电话、传真、互联网等手段,开展上下游气象台之间灾害性天气联防,及时通报并记录灾害性天气实况、灾情、预报和预警等联防信息。当出现下列情况之一时,相关气象台应当立即开展联防工作:

(一)预计本责任区内可能出现或者已经出现短时强降水、冰雹、雷电、雷雨大风、龙卷、大雾等灾害性天气,并可能影响下游地区。

(二)本责任区内出现强度45 dBZ以上的雷达单体回波,具有明显的灾害性天气回波特征,并可能影响下游地区。

(三)本责任区内出现水平尺度大于100千米,回波强度大于

40 dBZ 的带状回波,并可能影响下游地区。

(四)本责任区内天气雷达故障,并且预计可能出现灾害性天气。

(五)本责任区内出现洪涝、山洪或者地质灾害等较严重灾害,需要了解上游地区未来天气。

本条同时规定了各级气象主管机构应当及时提出气象灾害防御措施,为本级人民政府组织防御气象灾害提供决策依据。长期以来,各级气象主管机构始终把为各级党政领导提供准确、及时的气象服务和为政府提出气象防灾减灾的建议措施作为自身重要的职责。各级人民政府及有关部门也始终把各级气象主管机构提供的重大灾害性天气预报服务和防御措施作为政府组织防灾减灾的重要决策依据。因此,本条明确规定:各级气象主管机构应当及时提出气象灾害防御措施,为本级人民政府组织防御气象灾害提供决策依据。

第二十五条 县级以上人民政府应当根据防灾减灾的需要,配备必要的管理人员和人工影响天气设备、设施,建立统一协调的指挥和作业体系。

在干旱、冰雹、森林草原火灾频发区和城市供水、工农业用水紧缺地区的水源地及其上游地区,县级以上人民政府应当在灾情出现之前及早安排有关气象主管机构组织实施人工影响天气作业,预防和避免发生严重灾情。

【释义】本条规定县级以上人民政府、各级气象主管机构以及有关部门、有关组织在人工影响天气工作中的职责。

一、本条第一款规定了县级以上人民政府在人工影响天气工作中的职责。甘肃省是一个农业大省,农业生产一直受到干旱、冰雹、霜冻等气象灾害的威胁。增雨(雪)、防雹、防霜等人工影响天气作业将随着手段的现代化和科技水平的提高,在国民经济建设,尤其在防灾减灾中发挥着越来越大的作用。人工影响天气工作涉及面比较广,需要多个部门的合作与协调,但是,以往由于各级人民政府的职责不够明确,有效的协调机制不够健全,从而影响了人工影响天气工作的总体效益。因此,《气象法》规定县级以上人民政府对人工影响天气工作的领导职责,强调县级以上人民政府应当根据本地的实际情况,有组织、有计划地开展人工影响天气工作,以保证人工影响天气工作的正常顺利进行。

人工影响天气工作是气象灾害防御工作的重要组成部分,它属于大气科学的范畴,是云雾物理学在气象工作实践中的具体应用。为了有效地开展人工影响天气作业,达到防灾减灾的目的。地方各级气象主管机构应当制定人工影响天气作业方案,并在本级人民政府的领导和协调下,管理、指导和组织实施人工影响天气作业。各级气象主管机构要明确在人工影响天气工作中的职责,以保障人工影响天气工作在防御气象灾害中作用的充分发挥。人工影响天气作业的具体实施需要多部门和多单位(如空军、民航等)的合作,而且随着人工影响天气工作的不断发展,在实施人工影响天气过程中,更需要有关部门的配合与合作。人工影响天气是一项高科技工作,开展人工影响天气作业需要使用飞机、火箭、高炮等作业工具,对安全性要求比较高,需要具有掌握科学知识的技术人员和安全的技术手段,科学地开展人工影响天气作业。

二、本条第二款明确提出可适时利用人工影响天气作业,修复和改善生态环境,为黄河上游生态保护和高质量发展、祁连山生态保护发挥积极作用。县级以上人民政府应当根据防灾减灾的需要,配备必要的管理人员和人工影响天气设备、设施,建立统一协调的指挥和作业体系。在干旱、冰雹、森林草原火灾频发区和城市供水、工农业用水紧缺地区的水源地及其上游地区,县级以上人民政府应当在灾情出现之前及早安排有关气象主管机构组织实施人工影响天气作业,预防和避免发生严重灾情。有已出现干旱且预计旱情将会加重的、可能出现严重冰雹天气的、发生森林草原火灾或者长期处于高火险时段的、出现突发性公共污染事件的、自然生态环境需要修复或者改善的、其他需要实施人工影响天气作业的情形之一的,县级以上气象主管机构应当在本级人民政府的领导和协调下,根据实际情况实施人工影响天气作业。

第二十六条 各类建(构)筑物、场所和设施应当依照法律法规和国家规定安装符合国家有关防雷标准的雷电防护装置。

建(构)筑物、场所和设施的所有权人或者管理人应当对安装的雷电防护装置进行日常维护,并按规定委托有法定资质的雷电防护装置检测机构进行检测。

从事雷电防护装置检测的单位,应当取得国务院气象主管机构或者省气象主管机构颁发的资质证,并按照资质等级开展相应范围的防雷检测工作。

【释义】本条是关于雷电防护装置的规定。

一、本条第一款规定了雷电防护装置的安装。各类建(构)筑物、场所和设施,是指根据防雷设计技术标准,需要安装雷电防护装置的各类建(构)筑物、场所和设施。此处的法律法规主要指:《气象法》、国务院《气象灾害防御条例》《防雷装置设计审核和竣工验收规定》(中国气象局第 21 号令)、《防雷减灾管理办法》(中国气象局第 24 号令)、《雷电防护装置检测资质管理办法》(中国气象局第 38 号令)等。雷电防护装置,是指接闪器、引下线、接地装置、电涌保护器及其他连接导体等防雷产品和设施的总称。有关防雷标准主要指防雷相关的国家标准、行业标准和甘肃省地方标准(表 1)。

表 1 国家有关防雷标准

序号	标准号	标准名称
1	GB 50057—2010	建筑物防雷设计规范
2	GB 50343—2012	建筑物电子信息系统防雷技术规范
3	GB 50601—2010	建筑物防雷工程施工与质量验收规范
4	GB 50303—2011	建筑电气工程施工质量验收规范
5	GB 50165—1992	古建筑木结构维护与加固技术规范
6	GB 50952—2013	农村民居防雷工程技术规范
7	GB 50650—2011	石油化工装置防雷设计规范

续表

序号	标准号	标准名称
8	GB 15599—2009	石油与石油设施雷电安全规范
9	GB 50350—2005	油气集输设计规范
10	GB 50183—2004	石油天然气工程设计防火规范
11	GB 50160—2008	石油化工企业设计防火规范
12	GB 50074—2014	石油库设计规范
13	GB 50156—2012	汽车加油加气站设计与施工规范
14	GB 50195—2013	发生炉煤气站设计规范
15	GB 50154—2009	地下及覆土火药炸药仓库设计安全规范
16	GB 50058—2014	爆炸和火灾危险环境电力装置设计规范
17	GB 50089—2007	民用爆破器材工厂设计安全规范
18	GB 50161—2009	烟花爆竹工厂设计安全规范
19	GB 50177—2005	氢氧站设计规范
20	GB 50030—2013	氧气站设计规范
21	GB 50031—1991	乙炔站设计规范
22	GB 50054—2011	低压配电设计规范
23	GB 50169—2006	电气装置安装工程接地装置施工及验收规范
24	GB 9361—2011	计算站场地安全要求
25	GB 50174—2017	数据中心设计规范
26	GB 50689—2011	通信局(站)防雷与接地工程设计规范
27	GB 50200—1994	有线电视系统工程技术规范
28	GB 14050—2008	系统接地的型式及安全技术要求
29	GB/T 21431—2015	建筑物防雷装置检测技术规范
30	GB/T 50314—2015	智能建筑设计标准
31	GB/T 21714.1—2015	雷电防护 第1部分:总则
32	GB/T 21714.2—2015	雷电防护 第2部分:风险管理
33	GB/T 21714.3—2015	雷电防护 第3部分:建筑物的物理损坏和生命危险
34	GB/T 21714.4—2015	雷电防护 第4部分:建筑物内电气和电子系统

续表

序号	标准号	标准名称
35	GB/T 2887—2011	计算机场地通用规范
36	GB/T 31162—2014	地面气象观测场(室)防雷技术规范
37	GB/T 32936—2016	爆炸危险场所雷击风险评价方法
38	GB/T 32937—2016	爆炸和火灾危险场所雷电防护装置检测技术规范
39	GB/T 32938—2016	防雷装置检测服务规范
40	GB/T 33676—2017	通信局(站)防雷装置检测技术规范
41	GB/T 34291—2017	应急临时安置房防雷技术规范
42	GB/T 34312—2017	雷电灾害应急处置规范
43	GB/T 40250—2021	城市景观照明设施防雷技术规范
44	GB/T 50065—2011	交流电气装置的接地设计规范
45	GB/T 2887—2011	计算机场地通用规范
46	GB/T 50065—2011	交流电气装置的接地设计规范
47	QX 30—2021	自动气象站场室雷电防护技术规范
48	QX/T 85—2018	雷电灾害风险评估技术规范
49	QX/T 105—2018	雷电防护装置施工质量监督与验收规范
50	QX/T 160—2012	爆炸和火灾危险环境雷电防护安全评价技术规范
51	QX/T 186—2013	安全防范系统雷电防护要求及检测技术规范
52	QX/T 230—2014	中小学校雷电防护技术规范
53	QX/T 232—2019	雷电防护装置定期检测报告编制规范
54	QX/T 246—2014	建筑施工现场雷电安全技术规范
55	QX/T 263—2015	太阳能光伏系统防雷技术规范
56	QX/T 264—2015	旅游景区雷电灾害防御技术规范
57	QX/T 265—2015	输气管道系统防雷装置检测技术规范
58	QX/T 309—2017	防雷安全管理规范
59	QX/T 310—2015	煤化工装置防雷设计规范
60	QX/T 311—2015	大型浮顶油罐防雷装置检测规范
61	QX/T 312—2015	风力发电机组防雷装置检测技术规范

续表

序号	标准号	标准名称
62	QX/T 317—2016	防雷装置检测质量考核通则
63	QX/T 319—2021	雷电防护装置检测文件归档整理规范
64	QX/T 330—2016	大型桥梁防雷设计规范
65	QX/T 331—2016	智能建筑防雷设计规范
66	QX/T 398—2017	防雷装置设计审核和竣工验收行政处罚规范
67	QX/T 400—2017	防雷安全检查规程
68	QX/T 401—2017	雷电防护装置检测机构质量管理体系建设规范
69	QX/T 402—2017	雷电防护装置检测机构监督检查规范
70	QX/T 403—2017	雷电防护装置检测机构年度报告规范
71	QX/T 430—2018	烟花爆竹生产企业防雷技术规范
72	QX/T 431—2018	雷电防护技术文档分类与编码
73	QX/T 560—2020	雷电防护装置检测作业安全规范
74	QX/T 616—2021	雷电防护装置检测报告编码规则
75	QX/T 623—2021	雷电灾害防御重点单位界定规范
76	QX/T 635—2021	防雷安全标志
77	QX/T 149—2021	新建建筑物防雷装置检测报告编制规范
78	QX/T 106—2018	防雷装置设计技术评价规范
79	QX/T 103—2017	雷电灾害调查技术规范
80	QX/T 109—2009	城镇燃气防雷技术规范
81	QX/T 108—2021	电涌保护器测试方法
82	QX/T 104—2009	接地电阻剂
83	QX/T 86—2007	运行中电涌保护器检测技术规范
84	QX/T 162—2012	风廓线雷达站防雷技术规范
85	QX2—2000	新一代天气雷达站防雷技术规范
86	QX3—2000	气象信息系统雷击电磁脉冲防护规范
87	QX4—2000	气象台(站)防雷技术规范
88	GA371—2001	计算机信息系统实体安全技术要求

续表

序号	标准号	标准名称
89	DB62/T 2312—2013	防雷防静电装置检测规范
90	DB62/T 2414—2013	城市轨道交通防雷技术规范
91	DB62/T 2599—2015	输油输气管道系统防雷装置检测技术规范
92	DB62/T 2756—2017	光伏发电站防雷装置检测技术规范
93	DB62/T 2856—2018	防雷工程图纸编制技术规范
94	DB62/T 2869—2019	雷击灾害鉴定技术规范
95	DB62/T 4111—2020	城市轨道交通雷电防护装置检测技术规
96	DB62/T 4289—2021	易燃易爆场所防雷安全管理指南
97	D800-1～7	民用建筑电气设计与施工(图集)
98	D800-8	民用建筑电气设计与施工(防雷与接地)
99	15D501-1	建筑物防雷设施安装
100	15D501-2	等电位联结安装
101	15D501-3	利用建筑物金属体做防雷及接地装置安装
102	15D501-4	接地装置安装
103	99D501-1	建筑物防雷设施安装

二、本条第二款主要规定了雷电防护装置的日常维护和定期检测。中国气象局第24号令《防雷减灾管理办法(修订)》第十九条规定"投入使用后的防雷装置实行定期检测制度。防雷装置应当每年检测一次,对爆炸和火灾危险环境场所的防雷装置应当每半年检测一次"。根据国家有关技术规范,爆炸危险场所,是指生产、使用、储存易燃易爆物质,并能形成爆炸性混合物,且有爆炸危险的场所;火灾危险场所,是指在生产过程中,产生、使用、加工、储存或转运闪点高于场所环境温度的可燃液体,或者有可燃粉尘、可燃纤维,或者有固体状可燃物质,并在可燃物质的数量上和配置上,能引起火灾危险的场所。此处的"有法定资质的雷电防护装置检测机构"指依法取得《雷电防护装置检测资质证》的检测机构。

三、本条第三款规定了雷电防护装置检测机构。《气象灾害防御条例》第二十四条规定"专门从事雷电防护装置设计、施工、检测的单位应当具备下列条件,取得国务院气象主管机构或者省、自治区、直辖市气象主管机构颁发的资质证:(一)有法人资格;(二)有固定的办公场所和必要的设备、设施;(三)有相应的专业技术人员;(四)有完备的技术和质量管理制度;(五)国务院气象主管机构规定的其他条件。从事电力、通信雷电防护装置检测的单位的资质证由国务院气象主管机构和国务院电力或者国务院通信主管部门共同颁发"。

《雷电防护装置检测资质管理办法》(中国气象局令第31号)第三条规定"国务院气象主管机构负责全国雷电防护装置检测资质的监督管理工作。省、自治区、直辖市气象主管机构负责本行政区域内雷电防护装置检测资质的管理和认定工作";第四条规定"雷电防护装置检测资质等级分为甲、乙两级。甲级资质单位可以从事《建筑物防雷设计规范》规定的第一类、第二类、第三类建(构)筑物的雷电防护装置的检测。乙级资质单位可以从事《建筑物防雷设计规范》规定的第三类建(构)筑物的雷电防护装置的检测。"

目前,《雷电防护装置检测资质》由省级气象主管机构认定颁发。截至2022年7月,甘肃省共计颁发雷电防护装置检测资质证73个,其中甲级资质16个,乙级资质57个。电力、通信雷电防护装置检测资质管理办法目前暂未出台,国务院气象主管机构与国务院电力、通信主管部门正在协商制定。

第二十七条 大型群众性活动的主办方和承办方应当将气象因素纳入安全风险评估,主动获取气象预报和气象灾害预警信息,并及时采取应急处置措施,确保活动安全。

【释义】本条是关于大型群众性活动的气象灾害防御的规定。

一、**安全风险评估**。安全保障义务在性质上是一项作为义务,而不是不作为的消极义务。也就是说,安全保障义务人必须进行积极的作为,以保障相关人员的人身安全和财产安全。安全风险评估作为义务的内容,是主办方和承办方应当按照法律、法规的规定必须承担的。主办方和承办方对于常见的可能发生的危险事故应当提前做好准备,进行安全风险评估,制定相关的安全工作方案,例如针对发生气象灾害时如何处理。本条规定大型群众性活动的主办方和承办方应当将气象因素纳入安全风险评估。

二、采取应急处置措施。应急处置措施应当覆盖大型群众性活动全过程,应涵盖应急启动、应急处置、应急保障措施等,以实现防止危害扩大,消除安全隐患的目的,确保相关人员人身安全和财产安全。本条规定主办方和承办方还需要及时采取相应的应急处置措施,确保活动安全。

第五章　灾害应急

积极有效的灾害应急处置是减少气象灾害损失的重要措施。突发性气象灾害发生后,各级部门根据灾害发展态势和程序,及时启动本级灾害应急预案,采取应急措施,最大限度减少灾害可能造成的影响。本章共九条,主要规定了气象灾害应急预案制定、应急演练、应急预案的启动和终止、应急处置措施、应急队伍建设、人工影响天气作业范围、重特大灾害调查评估以及各有关部门在灾害应急处置中的职责等内容。

第二十八条　县级以上人民政府、有关部门应当根据气象灾害防御规划,结合本地气象灾害的特点和可能造成的危害,组织制定本行政区域的气象灾害应急预案,报上一级人民政府、有关部门备案。

【释义】本条是关于编制气象灾害应急预案的规定。

一、应急预案又称应急计划,是针对可能的突发公共事件,为保证迅速、有序、有效地开展应急处置与救援行动,降低人员伤亡和经济损失而预先制定的特定计划或方案。编制应急预案是国家"一案三制"(一案是指应急预案,三制是指建立健全应急的体制、机制和法制)应急体系建设工作的重要内容,也是突发公共事件应急准备工作的基础。2007年11月1日施行的《中华人民共和国突发事件应对法》中明确规定国家要建立健全突发事件应急预案体系。在坚持立足于国情、总结历史经验、遵循客观规律、借鉴国外做法的基础上,目前国家应急预案体系按照不同的责任主体和预案性质,设计为国家、省、市、县四个级别以及每级可包含的总体预案、专项预案、部门预案、地方预案、企事业单位预案五个层次。气象应急预案是国家应急预案体系的重要组成部分,也是预防和控制气象灾害发生或扩大的第一道防线。加快制定各级气象灾害的政府专项应急预案,有助于构建起气象灾害防御的联动机制,提高气象灾害应对效果。

二、随着国家应急管理体系的不断健全,气象灾害应急响应体系更加完善,形成了以政府组织、部门联动、社会参与的共同应对气象灾害的应急响应组织运行体系,构建了以预警发布、应急响应、应急保障为主要环节的气象灾害应急响应体系。2009年12月11日,国务院办公厅印发了《国家气象灾害应急预案》,标志着气象灾害应急响应开启经常化、制度化、法制化工作轨道。通过预案制定,把保障人民群众的生命财产安全作为首要任务和应急处置工作的出发点,全面加强应对气象灾害的体系建设,最大程度减少灾害损失。实行工程性和非工程性措施相结合,提高气象灾害监测预警能力和防御标准。充分利用现代科技手段,做好各项应急准备,提高应急处置能力。依照法律法规和相关职责,做好气象灾害的防范应对工作。加强各地区、各部门的信息沟通,做到资源共享,并建立协调配合机制,使气象灾害应对工作更加规范有序、运转协调。分级管理、属地为主。根据灾害造成或可能造成的危害和影响,对气象灾害实施分级管理。灾害发生地人民政府负责本地区气象灾害的应急处置工作。

三、由于气象防灾减灾工作是一项系统性强、涉及面广、关注度高的综合性工作,因此必须建立从国家到地方各级政府分级分类的气象灾害专项应急预案体系。条例明确规定县级以上地方人民政府及其有关部门应当根据气象灾害防御规划,结合本地气象灾害的特点和可能造成的危害,组织制定本行政区域的气象灾害应急预案,确立各级政府为制定本级气象灾害应急预案的责任主体及其各级政府专项预案的性质。各级地方气象主管机构主动向各级人民政府汇报沟通,按照地方各职能部门的职责,联合成立气象灾害应急预案编制领导小组,负责预案编制管理和审定。同时依托各级地方气象部门业务和技术力量,联合各相关部门的技术和管理专家,成立气象灾害应急预案编制小组,具体负责预案编制的起草和修订工作。

第二十九条　各级人民政府应当根据本地气象灾害特点,组织开展气象灾害应急演练,提高应急救援能力。居民委员会、村民委员会、企业事业单位应当协助本地人民政府做好气象灾害防御知识的宣传和气象灾害应急演练工作。

【释义】本条是关于加强气象灾害应急演练的规定。

气象灾害应急演练主要目的是检验预案、锻炼队伍、磨合机制和科普宣传。一是通过演练组织,能够检验各类气象应急预案中相关单位和人员对预案的熟悉程度,发现预案中存在的问题,以修改完善预案,提高预案的适用性和可操作性。二是通过演练活动,能够提高应急相关人员的应急处置能力。三是通过演练过程,能够理顺相关各方的职责,改进不同机构、人员之间的沟通、协调机制。四是通过演练参与和宣传报道,能够增进公众、媒体对气象应急预案和应急管理工作的理解,提高公众的防灾减灾意识。

在组织开展气象灾害应急演练时,应当坚持四条原则。一是结合实际、目的明确。紧密结合气象灾害应急管理工作实际需求,根据各地、各单位资源条件情况,合理确定演练方式和规模;强化对气象灾害应急预案所确定的应急响应责任、程序和保障措施。二是着眼实战、讲求实效。以提高应急指挥人员的指挥协调能力、应急队伍的实战能力为着眼点;重视对演练效果及组织工作的评估和考核,提高应急演练的实效。三是精心组织、确保安全。围绕演练目的,精心策划演练内容、周密组织演练过程;制定并严格遵守有关安全措施,确保演练参与人员的安全。四是统筹规划、厉行节约。统筹规划应急演练活动,安排好各类演练的内容、方式、时间及地点,避免重复和相互冲突;充分利用已有资源,努力控制演练成本。

地方各级人民政府应当把气象灾害应急演练作为应急工作的基础,结合各地气象灾害的特点,组织应急演练。演练规模应根据实际情况来确定。一般应成立演练的领导机构和工作组织机构,分别负责演练的领导决策和具体演练策划以及组织实施。在开展演练前应先制定演练计划。演练前还要组织对演练相关人员进行必要的培训。实际开始演练时,做好动员、启动、指挥、控制、记录、终止等环节的工作。演练完成后还要及时进行总结分析并提出改进措施。居民委员会、村民委员会、企业事业单位在实际处置各类气象灾害中积累了丰富的实践经验,在组织气象灾害应急演练过程中,应当积极主动协助本地人民政府做好应急演练的组织并参与演练过程,同时采取各种方式向公众广泛宣传有关气象灾害防御知识,做好气象防灾减灾科普宣传。

第三十条 气象灾害预警信息发布后,当地人民政府应当根据标准启动相应的应急预案,组织指挥有关部门和群众采取防御措施,并及时将灾情及其发展趋势等报告上一级人民政府。气象灾害应急预案的启动和终止,应当及时向社会公布,并及时报告上一级人民政府和气象主管机构。

【释义】本条是关于启动和终止气象灾害应急预案的规定。

一、由于不同的气象灾害种类、特点不同,应对措施也不一样。为取得应急成效的最大化,各地区、各部门在接收到气象灾害预报预警信息后,要根据掌握的当前各地有关人口、社会、经济运行状况以及其他信息的基础上,密切关注天气变化及灾害发展趋势,组织力量进行深入分析,评估可能造成的影响和危害,尤其是对本地区、本部门风险隐患的影响情况,要有针对性地提出预防措施,落实抢险队伍和物资,做好启动应急响应的各项准备工作。根据气象灾害可能发生的程度和影响范围,及其可能引发的次生、衍生灾害类别,县级以上地方人民政府、有关部门应及时启动应急预案,并公开向社会公布。

启动应急预案时,必须同时报告上一级人民政府,一是因为一些涉及范围广、持续时间长、影响程度大的气象灾害并非某一级的地方政府能够单独应对,需要上级政府在人力、财力和物力上的投入和支持;二是因为统一的信息系统要求下级人民政府必须向上级人民政府及时报告与气象灾害相关的信息,使上级人民政府及时了解有关情况,以便在其职责范围内统筹计划,必要时统一领导应对工作。在可能会发生特别重大气象灾害的情况下,县级以上地方人民政府可以越级上报。当地驻军是指驻扎在当地的中国人民解放军、中国人民武装警察部队和民兵组织,由于他们是基层应急救援队伍的中坚力量,及时向当地驻军以及可能受到危害的邻近或者相关地区人民政府通报有关气象灾害预警信息,以便早预防、早准备,可切实提高应对气象灾害的主动性和有效性。

二、由于应急处置时采取的各项措施必然带来一定的成本消耗,为了避免不必要的人力和物资浪费,县级以上人民政府及其有关部门应当根据气象主管机构提供的灾害性天气发生、发展趋势信息以及灾情发展情况,适时进行气象灾害级别的调整,包括从低级别向高级别以及从高级别向低级别的适时调整,并按照应急预案的对应级别进行有效应对。同时,因为在应急状态下政府和部门采取的应急措施可能会对公民、法人或者其他组织的人身权、财产权产生一定影响,因此,气象灾害的应急措施应随着气象灾害的发生而实施,并应当随着气象灾害的危害和威胁得到控制和解除而停止。如果不停止,不但会引起不必要的人力、物力消耗,而且还会失去其正当性和合法性。应当在气象灾害评估的基础上判断,如果已经不需要采取应急措施时,及时作出解除气象灾害应急措施的决定,并向社会公布,报告上一级人民政府和气象主管机构。

第三十一条 县级以上人民政府可以根据气象灾害应急处置需要,组织有关部门采取下列处置措施:

(一)划定气象灾害危险区域,组织人员撤离危险区域;

(二)抢修损坏的道路、通信、供水、供气、供电等设施;

(三)实行交通管制;

(四)决定停产、停业、停课;

(五)对基本生活必需品和药品的生产、供应、价格采取特殊管理措施;

（六）法律、法规规定的其他措施。

【释义】本条是关于气象灾害应急处置的规定。

气象灾害危险区是指气象灾害的气象要素超过其极端值，可能造成人员伤亡和严重经济损失的地区。只有气象危险性因子以及承载体所处的外部环境共同作用才能产生灾害，因此气象灾害危险区的确定是一项极具科学性的工作，必须在掌握气候背景的基础上，根据灾害性天气影响范围、强度，结合当地的人文、地理和经济社会基础数据，采取科学的方法，确定出不同级别的气象灾害危险区。由于气象灾害的可预报性，确定出的气象灾害危险区具有较大的危险性，负责应急处置工作的各级人民政府应当及时采取措施，包括标明危险区域，必要时应封闭危险区域并划定警戒区，限定人员出入。所有这些控制性措施必须及时通过媒体以通告的形式予以公告，以便处于危险区内的广大公众及相关单位提前做好防范。

气象灾害防御工作涉及社会生活的各个领域，必须在政府的统一领导、组织和协调下，通过多部门密切协作，全社会共同努力做好这项工作。当气象灾害发生后，各有关部门应当按照各自的职责做好气象灾害应急处置工作。民政部门应当设置避难场所和救济物资供应点，开展受灾群众救助工作，并按照规定职责核查灾情、发布灾情信息。卫生主管部门应当组织医疗救治、卫生防疫等卫生应急工作。交通运输、铁路等部门应当优先运送救灾物资、设备、药物、食品，及时抢修被毁的道路交通设施。住房城乡建设部门应当保障供水、供气、供热等市政公用设施的安全运行。电力、通信主管部门应当组织做好电力、通信应急保障工作。国土资源部门应当组织开展地质灾害监测、预防工作。农业主管部门应当组织开展农业抗灾救灾和农业生产技术指导工作。水利主管部门应当统筹协调主要河流、水库的水量调度，组织开展防汛抗旱工作。公安部门应当负责灾区的社会治安和道路交通秩序维护工作，协助组织灾区群众进行紧急转移。教育部门根据气象灾害防御指引、提示，通知幼儿园、托儿所、中小学和中等职业学校做好停课准备。

第三十二条　县级以上人民政府应急、自然资源、生态环境、农业农村、交通运输、卫生健康、住建、民政、水利、公安等有关部门应当依照法律法规和国家有关规定,在各自职责范围内,做好气象灾害应急工作。

【释义】本条是关于政府部门在职责范围内做好气象灾害应急工作的规定。

一、县级以上人民政府应急、自然资源、生态环境、农业农村、交通运输、卫生健康、住建、民政、水利、公安等有关部门应当将气象灾害防御工作纳入本单位安全生产责任制内容,按照规定明确气象灾害防御责任人、气象灾害防御管理机构或者管理员,建立健全气象灾害防御工作制度。根据易受影响的气象灾害种类,确定气象灾害防御重点部位,设计避灾路线图或者明确避灾场所,储备气象灾害防御应急物资,加强防涝、防旱、防雷、防雹、防雾、防风、防低温、防高温、防冻等防御装置、器材、设施的配备或者建设,提高经营场所、设施设备、生产工具、机械装置等的防灾减灾能力。气象灾害预警信息发布后或者气象灾害已经造成影响时,各部门要密切关注天气变化及灾害发展趋势,有关责任人员应立即到岗、组织力量深入分析、评估可能造成的影响和危害,有针对性地提出预防和控制措施,落实抢险队伍和物资,做好启动应急响应的各项准备工作。应急响应启动后,根据响应级别,按照上级指令,启动应急预案,按照本部门预案和职责分工,做好各项防灾抢险应急处置工作。

二、各部门开展联合监测是做好气象因素引发的衍生、次生灾害应急处置工作的基础。反思总结2008年我国南方低温雨雪冰冻灾害,在交通枢纽、重要高速公路等关键地区增加路面温度、积雪厚度等气象要素的观测以及路面结冰的监测,在冰冻天气易发地区增加电线积冰观测,并建立跨部门联合监测机制,通过开展跨地区、跨部门的气象灾害及其衍生次生灾害联合监测,可以充分发挥国家综合气象灾害及其衍生、次生灾害观测网的效益。当前由气象因素引发的衍生、次生灾害,涉及的主要职能管理部门有气象、水利、国土资源、农业、林业等,这些部门应该协同配合,开展跨地区、跨部门联合监测,在充分掌握和了解气象灾害及其衍生、次生灾害信息的基础上,积极发挥气象灾害预警先导作用,密切监测由气象因素可能引发的衍生、次生灾害发展趋势,根据相应应急预案的要求,及时启动,积极应对。电力、通信、铁路、民用航空、邮政等有关部门应当保证突发性气象灾害应急处置的电力供应、通信畅通和救灾物资的及时运送。

第三十三条 任何组织和个人对当地人民政府及有关部门组织实施的应急救援措施应当予以配合,不得妨碍气象灾害救助活动。

【释义】本条是关于组织和个人配合气象灾害应急救援工作的规定。

气象灾害防御的根本目的在于保护人民生命免受损害,保护国家、集体和个人财产免受损失,参与气象灾害防御是全社会共同的责任。在气象灾害防御过程中,为了维护公共利益和社会秩序,不仅需要政府、有关部门和单位依法履行自身职责,也需要公民、法人和其他组织积极参与,这也是气象灾害防御工作原则的具体体现。本款规定的义务主要包括:信息报告义务,排查和消除风险隐患义务,配合实施政府和有关部门采取的应急处置措施义务,执行有关决定和命令义务,自救互救义务,参加抢险救灾、恢复重建义务等。

对当地人民政府、有关部门采取气象灾害应急处置措施,气象灾害发生地的单位和个人应当服从指挥和安排,配合和支持人民政府和有关部门采取的应急处置措施,积极参加应急救援工作,协助维护社会秩序。如果气象灾害应急处置措施发布后,单位或者个人不服从政府的有关决定、命令和措施,就会严重扰乱这种非常情况下的社会管理秩序,因此必须予以制止,按照《中华人民共和国突发事件应对法》有关规定,如果妨碍气象灾害救助活动,构成违反治安管理行为的,由公安机关依法给予处罚,如果导致气象灾害危害扩大,给他人人身、财产造成损失的,应当依法承担民事责任,甚至由于妨碍气象灾害救助构成犯罪的,将依法追究刑事责任。

第三十四条 县级以上人民政府应当加强气象灾害应急救援队伍建设,学校、医院、车站、体育场馆等公共场所要指定气象灾害应急联系人,乡村要逐步配备气象灾害义务信息员,定期开展相关知识和技能培训。

鼓励志愿者参与气象灾害应急救援,帮助群众做好防灾避灾工作。

【释义】本条是关于气象灾害应急救援队伍建设的规定。

一、随着全球气候变暖,气象突发极端事件频发,气象灾害损失加重,依据准确的气象预报预警信息提前组织防范和科学施救是减轻气象灾害的有效途径,尤其是建立一支涵盖乡镇(街道)、村(社区)、学校、厂矿、企事业单位等不同层次、不同领域的气象应急减灾信息员队伍,将气象信息服务网络延伸到基层,把气象灾害防御知识传播到基层,不断强化基层气象防灾减灾意识,是做好基层气象灾害防御工作的基石,更是建立"政府主导、部门联动、社会参与"的气象灾害防御体系,解决防灾减灾信息"最后一公里"问题的必要举措。气象应急减灾信息员(以下简称气象信息员)队伍的建设和发展,是利用社会资源开展公共气象服务、进行有效的气象防灾减灾重要机制的创新。

近年来,党中央、国务院高度重视基层气象灾害防御工作,多次就加强气象灾害防御工作下发文件,作出批示。2007年7月,《国务院办公厅关于进一步加强气象灾害防御工作的意见》(国办发〔2007〕49号)明确提出"要积极创造条件,逐步设立乡村气象灾害义务信息员,及时传递预警信息,帮助群众做好防灾避灾工作"。2007年底,《中国气象局关于发展现代气象业务的意见》中提出建立城乡气象灾害防御网络,"在城市各社区、街道、企事业、学校、车站、码头、港口、医院等重点单位设置1名气象应急联系人,在各乡镇建立1名兼职气象协理员,下属每个行政村设1名气象信息员"。推动了乡镇气象协理员、村屯气象信息员队伍建设。2009年,《国务院办公厅关于加强基层应急队伍建设的意见》(国办发〔2009〕59号)中,明确要求县级气象部门要组织村干部和有经验的相关人员组建气象灾害应急队伍,主要任务是接收和传达预警信息,收集并向相关方面报告灾害性天气实况和灾情,做好台风、强降雨、大风、沙尘暴、冰雹、雷电等极端天气防范的科普知识宣传工作,参与本社区、村镇气象灾害防御方案的制订以及应急处置和调查评估等工作。

二、建立基层气象灾害防御队伍,延伸气象灾害防御网络,增强社会公众的防灾减灾意识,提高自救、互救能力,充分发挥社区、乡镇在气象防灾减灾能力建设方面的基础作用,是从根本上提升农村和社区气象灾害防御整体水平的重要举措之一。乡(镇)人民政府、街道办事处应当将建立这支队伍的工作纳入当地气象灾害防御体系的整体规划中,并配备相应的建设和维持资金,确定人员,协助气象主管机构和民政部门开展气象灾害防御知识宣传、应急联络、信息传递、灾害报告和灾情调查等工作,促进气象灾害防御规范化、常态化和社会化。同时,政府部门要研究制订动员和鼓励志愿者参与气象灾害应急救援的办法,着力打造一支作风优良、素质过硬、技能精湛、管理规范的气象应急救援志愿服务者队伍。

近年来,气象部门紧密依靠各级政府,大力推进气象信息员队伍建设,加强气象信息员队伍的管理和培训,充分发挥了气象信息员队伍在气象灾害预警信息传播、气象防灾减灾知识的普及、进行气象灾害自救互救中的作用,成为活跃在基层气象灾害防御不可或缺的应急减灾重要力量。中国气象局组织编写了《气象信息员工作手册》和《气象信息员知识读本》培训教材,并专门争取中央财政支持,划拨专项经费用于气象信息员培训工作。全国各级气象部门高度重视气象信息员师资力量培训,举办培训班,从气象防灾减灾机制建设、气象信息员队伍建设、气象基础知识、本地气象灾害分布及特征、气象灾害预警信号及防御指南、主要农业气象灾害及防御知识以及气象信息员需要做的主要工作等内容进行了详细培训。各地气象部门还根据本地的防灾减灾特点,编写地方培训教材,并分别以集中培训、专家讲座、学员实地考察、主题座谈、远程教育等灵活多样的方式开展培训和轮训。据统计,目前全国已有超过90%气象信息员接受过气象部门的培训。气象信息员选用是基于自愿原则,完全义务的,没有固定报酬。为调动信息员工作积极性,各地结合当地实际情况,采取了一些切实可行的措施,建立了奖惩机制,定期进行考核评比,激励信息员的工作热情。

第三十五条 有下列情形之一的,县级以上气象主管机构应当在本级人民政府的领导和协调下,根据实际情况组织实施人工影响天气作业:

(一)已出现干旱,预计旱情将会加重的;

(二)可能出现严重冰雹天气的;

(三)发生森林草原火灾或者长期处于高火险时段的;

(四)出现突发性公共污染事件的;

(五)自然生态环境需要修复或者改善的;

(六)其他需要实施人工影响天气作业的情形。

【释义】本条是关于组织实施人工影响天气作业的规定。

人工影响天气,是指为避免或者减轻气象灾害,合理开发利用空中云水资源,在适当条件下通过科技手段对局部大气的物理、化学过程进行人工影响,实现增雨(雪)、防雹、消雨、消雾、防霜等目的的活动。人工影响天气是应对气象灾害的重要手段,是气象灾害防御工作的重要组成部分。它属于大气科学的范畴,是云雾物理学在气象工作实践中的具体应用。国内外的科学试验和大量的实践证明,人工影响天气是气象防灾减灾的有效科技手段之一。通过人工影响天气作业可以达到防御和减轻气象灾害的目的。

《气象法》第三十条第二款明确了国家和地方各级气象主管机构的职责,即"国务院气象主管机构应当加强对全国人工影响天气工作的管理和指导。地方各级气象主管机构应当制定人工影响天气作业方案,并在本级人民政府的领导和协调下,管理、指导和组织实施人工影响天气作业"。强调了各级气象主管机构在人工影响天气工作中的职责,以保障人工影响天气工作在防御气象灾害中作用的充分发挥。有关部门应当按照职责分工,配合气象主管机构做好人工影响天气的有关工作。2002年3月,国务院第56次常务会议通过了《人工影响天气管理条例》,并于3月19日以第348号国务院令发布,于5月1日起正式实施。《人工影响天气管理条例》是国家制定的第一部与《气象法》相配套的国务院行政法规。它的发布实施,对加强人工影响天气工作的管理提供了重要的法律依据和有力的法律保障。

多年来,按照《气象法》和《人工影响天气管理条例》的规定,气象部门根据当地农业生产和人民生活需要,严密监测天气条件,在干旱缺水的地区积极开展人工增雨(雪)作业,努力缓解城乡生活、工农业生产、生态环境保护用水紧张状况;积极开展扑灭森林(草原)大火人工增雨(雪)作业,努力保护生态环境;在做好传统农业防雹工作的同时,适应农村产业结构调整,进一步完善防雹作业布局,加强人工防雹工作,减轻雹灾对农作物和农业设施的损害,创造了良好的社会效益和经济效益。因此,本条根据《气象法》的规定,侧重于农村气象灾害防御的需要,强调各级气象主管机构应当在本级人民政府的领导和协调下,根据实际情况组织开展人工影响天气工作,以减轻气象灾害的影响。

第三十六条 气象灾害发生后,县级以上气象主管机构应当会同其他有关部门对本行政区域内的重、特大气象灾害做出调查和评估,及时报送本级人民政府和上级气象主管机构,为组织减灾救灾提供决策依据。

【释义】本条是关于重、特大气象灾害调查和评估的规定。

气象灾害评估分级处置标准,按照人员伤亡、经济损失的大小,分为特大型、大型、中型、小型4个等级。

各级气象部门通过设立气象信息员,实地采集数据或从政府和应急管理、自然资源、交通运输、水利、农业农村等有关部门及时获取灾情及影响数据,灾情数据来源应确保合法可靠。气象灾害调查评估种类,主要有干旱、暴雨(雪)、强对流、连阴雨、霜冻、寒潮、强降温、高温、低温、大风、沙尘暴等天气或气候原因造成的直接的或间接的重大气象灾害事件。

对重、特大气象灾害造成的损失进行调查评估,是恢复与重建工作的基础和前提,如果没有对损失进行调查和评估,相关的补偿、救济、抚慰、保险理赔以及总结等工作都将无法顺利开展。具体的气象灾害损失调查评估包括:统计在气象灾害中死亡和受伤的人数、需要救援和安置的人数,并对遇难者的安葬工作、受伤人员的救治工作以及受灾人员的安置工作等进行必要的分析和评价;统计气象灾害中各种设施、设备的损失情况,并对各种设施的紧急抢修工作进行分析和评价,为紧急抢修的安排和布置提供依据;统计房屋倒塌损坏,庄稼减产和绝收情况,为恢复生产、重建家园提供依据;统计气象灾害造成的直接和间接经济损失,为调拨应急救灾资金提供决策依据。

气象灾情调查和评估报告,应当在灾害性天气过程结束后10日内完成。除了形成正式文件外,还应当提供能反映现场真实情况的其他信息,并建立重大气象灾情档案。并应及时上报本级人民政府和上级气象业务主管部门。各级气象主管机构接受新闻媒体采访时,应当客观、准确、正面反映气象预报服务情况,气象灾情数据以政府灾情管理部门公布数据为准。

灾情上报采取分级负责制。灾情收集、上报、普查、评估人员应具备较好的气象灾害业务知识和技能,并进行相应培训。各级气象部门将气象灾情的收集上报调查和评估工作纳入日常业务工作。气象灾害发生地的组织和个人应当向调查人员如实提供有关情况。对于迟报、漏报气象灾害信息以及未在规定时间内补充核实气象灾害信息的,给予通报批评,造成严重后果或者产生较大社会影响的,给予行政处分。

第六章 法律责任

本章是关于违反《甘肃省气象灾害防御条例》的法律责任规定,按照国家立法法和行政处罚法给予地方性法规设定法律责任的权限,规定了行为人因违反甘肃省气象灾害防御条例规定的义务所必须承担的带有强制性的法律后果。

第三十七条 无资质证书或者超越其资质证书许可范围进行防雷检测的,由县级以上气象主管机构或者其他有关部门按照权限责令停止违法行为,处五万元以上十万元以下罚款;有违法所得的,没收违法所得;给他人造成损失的,依法承担赔偿责任。

【释义】本条是关于从事雷电防护装置检测的单位,违反资质管理的规定应当承担的法律责任的规定。

本条设定依据是国务院《气象灾害防御条例》第四十五条,其规定有下列行为之一的,由县级以上气象主管机构或者其他有关部门按照权限责令停止违法行为,处 5 万元以上 10 万元以下的罚款;有违法所得的,没收违法所得;给他人造成损失的,依法承担赔偿责任:

(一)无资质或者超越资质许可范围从事雷电防护装置检测的;

(二)在雷电防护装置设计、施工、检测中弄虚作假的;

(三)违反本条例第二十三条第三款的规定,雷电防护装置未经设计审核或者设计审核不合格施工的,未经竣工验收或者竣工验收不合格交付使用的。

根据本条规定,行为人无资质证书或者超越其资质证书许可范围进行防雷检测的就必须依照本条的规定,承担相应的法律责任。依照本条规定,承担法律责任的形式包括行政责任和民事责任两种法律责任形式。

第三十八条 有下列情形之一的,由县级以上气象主管机构按照权限责令改正,给予警告,可以处一万元以上三万元以下罚款;给他人造成损失的,依法承担赔偿责任;构成犯罪的,依法追究刑事责任:

(一)应当安装防雷装置而拒不安装的;

(二)拒绝防雷装置检测,或者防雷装置检测不合格又拒不改正的。

【释义】本条是关于各类建(构)筑物、场所和设施所有权人或者管理人违反国家防雷的规定应当承担的法律责任的规定。

本条设定衔接、参照《防雷减灾管理办法》(中国气象局令第24号)第三十五条,规定有下列行为之一的,由县级以上气象主管机构按照权限责令改正,给予警告,可以处1万元以上3万元以下罚款;给他人造成损失的,依法承担赔偿责任;构成犯罪的,依法追究刑事责任:

(一)应当安装防雷装置而拒不安装的;

(二)已有防雷装置,拒绝进行检测或者经检测不合格又拒不整改的。

根据本条规定,行为人实施了下列违法行为,应当承担本条所规定的法律责任。一是应当安装防雷装置而拒不安装的;二是拒绝防雷装置检测,或者防雷装置检测不合格又拒不改正的。凡是实施上述违法行为的,就必须依照本条的规定,承担相应的法律责任。依照本条规定,承担法律责任的形式包括行政责任、民事责任和刑事责任三种法律责任形式。

第三十九条 违反本条例规定的行为,法律、行政法规已有处罚规定的,依照其规定执行。

【释义】本条是衔接、指引性规定,主要体现上位法优先适用的原则,根据本条规定,本条例规定的违法行为,法律行政法规已有处罚规定的,优先适用法律、行政法规规定。

第七章 附 则

第四十条 本条例自 2022 年 8 月 1 日起施行。

【释义】本条是关于条例生效日期的规定。

一、生效日期,是法律开始发生效力的时间。法律、法规一般都有关于生效日期的规定。从目前的立法实践来看,生效日期主要是三种表达方式,第一种是自法律公布之日起开始生效;第二种是在公布一段时间之后开始生效;第三种是在法律规定的条件具备后开始生效。条例采用的是第二种表达方式。

二、按照本条的规定,自 2022 年 8 月 1 日起,在甘肃省范围内从事气象灾害防御,都应当遵守本条例。

附 录

附录一　中华人民共和国气象法

（1999年10月31日第九届全国人民代表大会常务委员会第十二次会议通过　根据2009年8月27日第十一届全国人民代表大会常务委员会第十次会议《关于修改部分法律的决定》第一次修正　根据2014年8月31日第十二届全国人民代表大会常务委员会第十次会议《关于修改〈中华人民共和国保险法〉等五部法律的决定》第二次修正　根据2016年11月7日第十二届全国人民代表大会常务委员会第二十四次会议《关于修改〈中华人民共和国对外贸易法〉等十二部法律的决定》第三次修正）

第一章　总　　则

第一条　为了发展气象事业,规范气象工作,准确、及时地发布气象预报,防御气象灾害,合理开发利用和保护气候资源,为经济建设、国防建设、社会发展和人民生活提供气象服务,制定本法。

第二条　在中华人民共和国领域和中华人民共和国管辖的其他海域从事气象探测、预报、服务和气象灾害防御、气候资源利用、气象科学技术研究等活动,应当遵守本法。

第三条　气象事业是经济建设、国防建设、社会发展和人民生活的基础性公益事业,气象工作应当把公益性气象服务放在首位。

县级以上人民政府应当加强对气象工作的领导和协调,将气象事业纳入中央和地方同级国民经济和社会发展计划及财政预算,以保障其充分发挥为社会公众、政府决策和经济发展服务的功能。

县级以上地方人民政府根据当地社会经济发展的需要所建设的地

方气象事业项目,其投资主要由本级财政承担。

气象台站在确保公益性气象无偿服务的前提下,可以依法开展气象有偿服务。

第四条 县、市气象主管机构所属的气象台站应当主要为农业生产服务,及时主动提供保障当地农业生产所需的公益性气象信息服务。

第五条 国务院气象主管机构负责全国的气象工作。地方各级气象主管机构在上级气象主管机构和本级人民政府的领导下,负责本行政区域内的气象工作。

国务院其他有关部门和省、自治区、直辖市人民政府其他有关部门所属的气象台站,应当接受同级气象主管机构对其气象工作的指导、监督和行业管理。

第六条 从事气象业务活动,应当遵守国家制定的气象技术标准、规范和规程。

第七条 国家鼓励和支持气象科学技术研究、气象科学知识普及,培养气象人才,推广先进的气象科学技术,保护气象科技成果,加强国际气象合作与交流,发展气象信息产业,提高气象工作水平。

各级人民政府应当关心和支持少数民族地区、边远贫困地区、艰苦地区和海岛的气象台站的建设和运行。

对在气象工作中做出突出贡献的单位和个人,给予奖励。

第八条 外国的组织和个人在中华人民共和国领域和中华人民共和国管辖的其他海域从事气象活动,必须经国务院气象主管机构会同有关部门批准。

第二章 气象设施的建设与管理

第九条 国务院气象主管机构应当组织有关部门编制气象探测设施、气象信息专用传输设施、大型气象专用技术装备等重要气象设施的建设规划,报国务院批准后实施。气象设施建设规划的调整、修改,必须报国务院批准。

编制气象设施建设规划,应当遵循合理布局、有效利用、兼顾当前与长远需要的原则,避免重复建设。

第十条 重要气象设施建设项目应当符合重要气象设施建设规划要求,并在项目建议书和可行性研究报告批准前,征求国务院气象主管机构或者省、自治区、直辖市气象主管机构的意见。

第十一条 国家依法保护气象设施,任何组织或者个人不得侵占、损毁或者擅自移动气象设施。

气象设施因不可抗力遭受破坏时,当地人民政府应当采取紧急措施,组织力量修复,确保气象设施正常运行。

第十二条 未经依法批准,任何组织或者个人不得迁移气象台站;确因实施城市规划或者国家重点工程建设,需要迁移国家基准气候站、基本气象站的,应当报经国务院气象主管机构批准;需要迁移其他气象台站的,应当报经省、自治区、直辖市气象主管机构批准。迁建费用由建设单位承担。

第十三条 气象专用技术装备应当符合国务院气象主管机构规定的技术要求,并经国务院气象主管机构审查合格;未经审查或者审查不合格的,不得在气象业务中使用。

第十四条 气象计量器具应当依照《中华人民共和国计量法》的有关规定,经气象计量检定机构检定。未经检定、检定不合格或者超过检定有效期的气象计量器具,不得使用。

国务院气象主管机构和省、自治区、直辖市气象主管机构可以根据需要建立气象计量标准器具,其各项最高计量标准器具依照《中华人民共和国计量法》的规定,经考核合格后,方可使用。

第三章 气象探测

第十五条 各级气象主管机构所属的气象台站,应当按照国务院气象主管机构的规定,进行气象探测并向有关气象主管机构汇交气象探测资料。未经上级气象主管机构批准,不得中止气象探测。

国务院气象主管机构及有关地方气象主管机构应当按照国家规定适时发布基本气象探测资料。

第十六条　国务院其他有关部门和省、自治区、直辖市人民政府其他有关部门所属的气象台站及其他从事气象探测的组织和个人，应当按照国家有关规定向国务院气象主管机构或者省、自治区、直辖市气象主管机构汇交所获得的气象探测资料。

各级气象主管机构应当按照气象资料共享、共用的原则，根据国家有关规定，与其他从事气象工作的机构交换有关气象信息资料。

第十七条　在中华人民共和国内水、领海和中华人民共和国管辖的其他海域的海上钻井平台和具有中华人民共和国国籍的在国际航线上飞行的航空器、远洋航行的船舶，应当按照国家有关规定进行气象探测并报告气象探测信息。

第十八条　基本气象探测资料以外的气象探测资料需要保密的，其密级的确定、变更和解密以及使用，依照《中华人民共和国保守国家秘密法》的规定执行。

第十九条　国家依法保护气象探测环境，任何组织和个人都有保护气象探测环境的义务。

第二十条　禁止下列危害气象探测环境的行为：

（一）在气象探测环境保护范围内设置障碍物、进行爆破和采石；

（二）在气象探测环境保护范围内设置影响气象探测设施工作效能的高频电磁辐射装置；

（三）在气象探测环境保护范围内从事其他影响气象探测的行为。

气象探测环境保护范围的划定标准由国务院气象主管机构规定。各级人民政府应当按照法定标准划定气象探测环境的保护范围，并纳入城市规划或者村庄和集镇规划。

第二十一条　新建、扩建、改建建设工程，应当避免危害气象探测环境；确实无法避免的，建设单位应当事先征得省、自治区、直辖市气象主管机构的同意，并采取相应的措施后，方可建设。

第四章　气象预报与灾害性天气警报

第二十二条　国家对公众气象预报和灾害性天气警报实行统一发

布制度。

各级气象主管机构所属的气象台站应当按照职责向社会发布公众气象预报和灾害性天气警报,并根据天气变化情况及时补充或者订正。其他任何组织或者个人不得向社会发布公众气象预报和灾害性天气警报。

国务院其他有关部门和省、自治区、直辖市人民政府其他有关部门所属的气象台站,可以发布供本系统使用的专项气象预报。

各级气象主管机构及其所属的气象台站应当提高公众气象预报和灾害性天气警报的准确性、及时性和服务水平。

第二十三条 各级气象主管机构所属的气象台站应当根据需要,发布农业气象预报、城市环境气象预报、火险气象等级预报等专业气象预报,并配合军事气象部门进行国防建设所需的气象服务工作。

第二十四条 各级广播、电视台站和省级人民政府指定的报纸,应当安排专门的时间或者版面,每天播发或者刊登公众气象预报或者灾害性天气警报。

各级气象主管机构所属的气象台站应当保证其制作的气象预报节目的质量。

广播、电视播出单位改变气象预报节目播发时间安排的,应当事先征得有关气象台站的同意;对国计民生可能产生重大影响的灾害性天气警报和补充、订正的气象预报,应当及时增播或者插播。

第二十五条 广播、电视、报纸、电信等媒体向社会传播气象预报和灾害性天气警报,必须使用气象主管机构所属的气象台站提供的适时气象信息,并标明发布时间和气象台站的名称。通过传播气象信息获得的收益,应当提取一部分支持气象事业的发展。

第二十六条 信息产业部门应当与气象主管机构密切配合,确保气象通信畅通,准确、及时地传递气象情报、气象预报和灾害性天气警报。

气象无线电专用频道和信道受国家保护,任何组织或者个人不得挤占和干扰。

第五章　气象灾害防御

第二十七条　县级以上人民政府应当加强气象灾害监测、预警系统建设,组织有关部门编制气象灾害防御规划,并采取有效措施,提高防御气象灾害的能力。有关组织和个人应当服从人民政府的指挥和安排,做好气象灾害防御工作。

第二十八条　各级气象主管机构应当组织对重大灾害性天气的跨地区、跨部门的联合监测、预报工作,及时提出气象灾害防御措施,并对重大气象灾害作出评估,为本级人民政府组织防御气象灾害提供决策依据。

各级气象主管机构所属的气象台站应当加强对可能影响当地的灾害性天气的监测和预报,并及时报告有关气象主管机构。其他有关部门所属的气象台站和与灾害性天气监测、预报有关的单位应当及时向气象主管机构提供监测、预报气象灾害所需要的气象探测信息和有关的水情、风暴潮等监测信息。

第二十九条　县级以上地方人民政府应当根据防御气象灾害的需要,制定气象灾害防御方案,并根据气象主管机构提供的气象信息,组织实施气象灾害防御方案,避免或者减轻气象灾害。

第三十条　县级以上人民政府应当加强对人工影响天气工作的领导,并根据实际情况,有组织、有计划地开展人工影响天气工作。

国务院气象主管机构应当加强对全国人工影响天气工作的管理和指导。地方各级气象主管机构应当制定人工影响天气作业方案,并在本级人民政府的领导和协调下,管理、指导和组织实施人工影响天气作业。有关部门应当按照职责分工,配合气象主管机构做好人工影响天气的有关工作。

实施人工影响天气作业的组织必须具备省、自治区、直辖市气象主管机构规定的条件,并使用符合国务院气象主管机构要求的技术标准的作业设备,遵守作业规范。

第三十一条　各级气象主管机构应当加强对雷电灾害防御工作的

组织管理,并会同有关部门指导对可能遭受雷击的建筑物、构筑物和其他设施安装的雷电灾害防护装置的检测工作。

安装的雷电灾害防护装置应当符合国务院气象主管机构规定的使用要求。

第六章 气候资源开发利用和保护

第三十二条 国务院气象主管机构负责全国气候资源的综合调查、区划工作,组织进行气候监测、分析、评价,并对可能引起气候恶化的大气成分进行监测,定期发布全国气候状况公报。

第三十三条 县级以上地方人民政府应当根据本地区气候资源的特点,对气候资源开发利用的方向和保护的重点作出规划。

地方各级气象主管机构应当根据本级人民政府的规划,向本级人民政府和同级有关部门提出利用、保护气候资源和推广应用气候资源区划等成果的建议。

第三十四条 各级气象主管机构应当组织对城市规划、国家重点建设工程、重大区域性经济开发项目和大型太阳能、风能等气候资源开发利用项目进行气候可行性论证。

具有大气环境影响评价资质的单位进行工程建设项目大气环境影响评价时,应当使用符合国家气象技术标准的气象资料。

第七章 法律责任

第三十五条 违反本法规定,有下列行为之一的,由有关气象主管机构按照权限责令停止违法行为,限期恢复原状或者采取其他补救措施,可以并处五万元以下的罚款;造成损失的,依法承担赔偿责任;构成犯罪的,依法追究刑事责任:

(一)侵占、损毁或者未经批准擅自移动气象设施的;

(二)在气象探测环境保护范围内从事危害气象探测环境活动的。

在气象探测环境保护范围内,违法批准占用土地的,或者非法占用土地新建建筑物或者其他设施的,依照《中华人民共和国城乡规划法》

或者《中华人民共和国土地管理法》的有关规定处罚。

第三十六条 违反本法规定,使用不符合技术要求的气象专用技术装备,造成危害的,由有关气象主管机构按照权限责令改正,给予警告,可以并处五万元以下的罚款。

第三十七条 违反本法规定,安装不符合使用要求的雷电灾害防护装置的,由有关气象主管机构责令改正,给予警告。使用不符合使用要求的雷电灾害防护装置给他人造成损失的,依法承担赔偿责任。

第三十八条 违反本法规定,有下列行为之一的,由有关气象主管机构按照权限责令改正,给予警告,可以并处五万元以下的罚款:

(一)非法向社会发布公众气象预报、灾害性天气警报的;

(二)广播、电视、报纸、电信等媒体向社会传播公众气象预报、灾害性天气警报,不使用气象主管机构所属的气象台站提供的适时气象信息的;

(三)从事大气环境影响评价的单位进行工程建设项目大气环境影响评价时,使用的气象资料不符合国家气象技术标准的。

第三十九条 违反本法规定,不具备省、自治区、直辖市气象主管机构规定的条件实施人工影响天气作业的,或者实施人工影响天气作业使用不符合国务院气象主管机构要求的技术标准的作业设备的,由有关气象主管机构按照权限责令改正,给予警告,可以并处十万元以下的罚款;给他人造成损失的,依法承担赔偿责任;构成犯罪的,依法追究刑事责任。

第四十条 各级气象主管机构及其所属气象台站的工作人员由于玩忽职守,导致重大漏报、错报公众气象预报、灾害性天气警报,以及丢失或者毁坏原始气象探测资料、伪造气象资料等事故的,依法给予行政处分;致使国家利益和人民生命财产遭受重大损失,构成犯罪的,依法追究刑事责任。

第八章 附 则

第四十一条 本法中下列用语的含义是:

（一）气象设施，是指气象探测设施、气象信息专用传输设施、大型气象专用技术装备等。

（二）气象探测，是指利用科技手段对大气和近地层的大气物理过程、现象及其化学性质等进行的系统观察和测量。

（三）气象探测环境，是指为避开各种干扰保证气象探测设施准确获得气象探测信息所必需的最小距离构成的环境空间。

（四）气象灾害，是指台风、暴雨（雪）、寒潮、大风（沙尘暴）、低温、高温、干旱、雷电、冰雹、霜冻和大雾等所造成的灾害。

（五）人工影响天气，是指为避免或者减轻气象灾害，合理利用气候资源，在适当条件下通过科技手段对局部大气的物理、化学过程进行人工影响，实现增雨（雪）、防雹、消雨、消雾、防霜等目的的活动。

第四十二条　气象台站和其他开展气象有偿服务的单位，从事气象有偿服务的范围、项目、收费等具体管理办法，由国务院依据本法规定。

第四十三条　中国人民解放军气象工作的管理办法，由中央军事委员会制定。

第四十四条　中华人民共和国缔结或者参加的有关气象活动的国际条约与本法有不同规定的，适用该国际条约的规定；但是，中华人民共和国声明保留的条款除外。

第四十五条　本法自2000年1月1日起施行。1994年8月18日国务院发布的《中华人民共和国气象条例》同时废止。

附录二 气象灾害防御条例

（2010年1月20日经国务院第98次常务会议通过，2010年1月27日中华人民共和国国务院令第570号公布，自2010年4月1日起施行。根据2017年10月7日《国务院关于修改部分行政法规的决定》修订）

第一章 总 则

第一条 为了加强气象灾害的防御，避免、减轻气象灾害造成的损失，保障人民生命财产安全，根据《中华人民共和国气象法》，制定本条例。

第二条 在中华人民共和国领域和中华人民共和国管辖的其他海域内从事气象灾害防御活动的，应当遵守本条例。

本条例所称气象灾害，是指台风、暴雨（雪）、寒潮、大风（沙尘暴）、低温、高温、干旱、雷电、冰雹、霜冻和大雾等所造成的灾害。

水旱灾害、地质灾害、海洋灾害、森林草原火灾等因气象因素引发的衍生、次生灾害的防御工作，适用有关法律、行政法规的规定。

第三条 气象灾害防御工作实行以人为本、科学防御、部门联动、社会参与的原则。

第四条 县级以上人民政府应当加强对气象灾害防御工作的组织、领导和协调，将气象灾害的防御纳入本级国民经济和社会发展规划，所需经费纳入本级财政预算。

第五条 国务院气象主管机构和国务院有关部门应当按照职责分工，共同做好全国气象灾害防御工作。

地方各级气象主管机构和县级以上地方人民政府有关部门应当按

照职责分工,共同做好本行政区域的气象灾害防御工作。

第六条 气象灾害防御工作涉及两个以上行政区域的,有关地方人民政府、有关部门应当建立联防制度,加强信息沟通和监督检查。

第七条 地方各级人民政府、有关部门应当采取多种形式,向社会宣传普及气象灾害防御知识,提高公众的防灾减灾意识和能力。

学校应当把气象灾害防御知识纳入有关课程和课外教育内容,培养和提高学生的气象灾害防范意识和自救互救能力。教育、气象等部门应当对学校开展的气象灾害防御教育进行指导和监督。

第八条 国家鼓励开展气象灾害防御的科学技术研究,支持气象灾害防御先进技术的推广和应用,加强国际合作与交流,提高气象灾害防御的科技水平。

第九条 公民、法人和其他组织有义务参与气象灾害防御工作,在气象灾害发生后开展自救互救。

对在气象灾害防御工作中做出突出贡献的组织和个人,按照国家有关规定给予表彰和奖励。

第二章 预 防

第十条 县级以上地方人民政府应当组织气象等有关部门对本行政区域内发生的气象灾害的种类、次数、强度和造成的损失等情况开展气象灾害普查,建立气象灾害数据库,按照气象灾害的种类进行气象灾害风险评估,并根据气象灾害分布情况和气象灾害风险评估结果,划定气象灾害风险区域。

第十一条 国务院气象主管机构应当会同国务院有关部门,根据气象灾害风险评估结果和气象灾害风险区域,编制国家气象灾害防御规划,报国务院批准后组织实施。

县级以上地方人民政府应当组织有关部门,根据上一级人民政府的气象灾害防御规划,结合本地气象灾害特点,编制本行政区域的气象灾害防御规划。

第十二条 气象灾害防御规划应当包括气象灾害发生发展规律和

现状、防御原则和目标、易发区和易发时段、防御设施建设和管理以及防御措施等内容。

第十三条 国务院有关部门和县级以上地方人民政府应当按照气象灾害防御规划,加强气象灾害防御设施建设,做好气象灾害防御工作。

第十四条 国务院有关部门制定电力、通信等基础设施的工程建设标准,应当考虑气象灾害的影响。

第十五条 国务院气象主管机构应当会同国务院有关部门,根据气象灾害防御需要,编制国家气象灾害应急预案,报国务院批准。

县级以上地方人民政府、有关部门应当根据气象灾害防御规划,结合本地气象灾害的特点和可能造成的危害,组织制定本行政区域的气象灾害应急预案,报上一级人民政府、有关部门备案。

第十六条 气象灾害应急预案应当包括应急预案启动标准、应急组织指挥体系与职责、预防与预警机制、应急处置措施和保障措施等内容。

第十七条 地方各级人民政府应当根据本地气象灾害特点,组织开展气象灾害应急演练,提高应急救援能力。居民委员会、村民委员会、企业事业单位应当协助本地人民政府做好气象灾害防御知识的宣传和气象灾害应急演练工作。

第十八条 大风(沙尘暴)、龙卷多发区域的地方各级人民政府、有关部门应当加强防护林和紧急避难场所等建设,并定期组织开展建(构)筑物防风避险的监督检查。

台风多发区域的地方各级人民政府、有关部门应当加强海塘、堤防、避风港、防护林、避风锚地、紧急避难场所等建设,并根据台风情况做好人员转移等准备工作。

第十九条 地方各级人民政府、有关部门和单位应当根据本地降雨情况,定期组织开展各种排水设施检查,及时疏通河道和排水管网,加固病险水库,加强对地质灾害易发区和堤防等重要险段的巡查。

第二十条 地方各级人民政府、有关部门和单位应当根据本地降雪、冰冻发生情况,加强电力、通信线路的巡查,做好交通疏导、积雪

(冰)清除、线路维护等准备工作。

有关单位和个人应当根据本地降雪情况,做好危旧房屋加固、粮草储备、牲畜转移等准备工作。

第二十一条 地方各级人民政府、有关部门和单位应当在高温来临前做好供电、供水和防暑医药供应的准备工作,并合理调整工作时间。

第二十二条 大雾、霾多发区域的地方各级人民政府、有关部门和单位应当加强对机场、港口、高速公路、航道、渔场等重要场所和交通要道的大雾、霾的监测设施建设,做好交通疏导、调度和防护等准备工作。

第二十三条 各类建(构)筑物、场所和设施安装雷电防护装置应当符合国家有关防雷标准的规定。新建、改建、扩建建(构)筑物、场所和设施的雷电防护装置应当与主体工程同时设计、同时施工、同时投入使用。

新建、改建、扩建建设工程雷电防护装置的设计、施工,可以由取得相应建设、公路、水路、铁路、民航、水利、电力、核电、通信等专业工程设计、施工资质的单位承担。

油库、气库、弹药库、化学品仓库和烟花爆竹、石化等易燃易爆建设工程和场所,雷电易发区内的矿区、旅游景点或者投入使用的建(构)筑物、设施等需要单独安装雷电防护装置的场所,以及雷电风险高且没有防雷标准规范、需要进行特殊论证的大型项目,其雷电防护装置的设计审核和竣工验收由县级以上地方气象主管机构负责。未经设计审核或者设计审核不合格的,不得施工;未经竣工验收或者竣工验收不合格的,不得交付使用。

房屋建筑、市政基础设施、公路、水路、铁路、民航、水利、电力、核电、通信等建设工程的主管部门,负责相应领域内建设工程的防雷管理。

第二十四条 从事雷电防护装置检测的单位应当具备下列条件,取得国务院气象主管机构或者省、自治区、直辖市气象主管机构颁发的资质证:

(一)有法人资格;

(二)有固定的办公场所和必要的设备、设施;
(三)有相应的专业技术人员;
(四)有完备的技术和质量管理制度;
(五)国务院气象主管机构规定的其他条件。

从事电力、通信雷电防护装置检测的单位的资质证由国务院气象主管机构和国务院电力或者国务院通信主管部门共同颁发。

第二十五条 地方各级人民政府、有关部门应当根据本地气象灾害发生情况,加强农村地区气象灾害预防、监测、信息传播等基础设施建设,采取综合措施,做好农村气象灾害防御工作。

第二十六条 各级气象主管机构应当在本级人民政府的领导和协调下,根据实际情况组织开展人工影响天气工作,减轻气象灾害的影响。

第二十七条 县级以上人民政府有关部门在国家重大建设工程、重大区域性经济开发项目和大型太阳能、风能等气候资源开发利用项目以及城乡规划编制中,应当统筹考虑气候可行性和气象灾害的风险性,避免、减轻气象灾害的影响。

第三章 监测、预报和预警

第二十八条 县级以上地方人民政府应当根据气象灾害防御的需要,建设应急移动气象灾害监测设施,健全应急监测队伍,完善气象灾害监测体系。

县级以上人民政府应当整合完善气象灾害监测信息网络,实现信息资源共享。

第二十九条 各级气象主管机构及其所属的气象台站应当完善灾害性天气的预报系统,提高灾害性天气预报、警报的准确率和时效性。

各级气象主管机构所属的气象台站、其他有关部门所属的气象台站和与灾害性天气监测、预报有关的单位应当根据气象灾害防御的需要,按照职责开展灾害性天气的监测工作,并及时向气象主管机构和有关灾害防御、救助部门提供雨情、水情、风情、旱情等监测信息。

各级气象主管机构应当根据气象灾害防御的需要组织开展跨地区、跨部门的气象灾害联合监测,并将人口密集区、农业主产区、地质灾害易发区域、重要江河流域、森林、草原、渔场作为气象灾害监测的重点区域。

第三十条 各级气象主管机构所属的气象台站应当按照职责向社会统一发布灾害性天气警报和气象灾害预警信号,并及时向有关灾害防御、救助部门通报;其他组织和个人不得向社会发布灾害性天气警报和气象灾害预警信号。

气象灾害预警信号的种类和级别,由国务院气象主管机构规定。

第三十一条 广播、电视、报纸、电信等媒体应当及时向社会播发或者刊登当地气象主管机构所属的气象台站提供的适时灾害性天气警报、气象灾害预警信号,并根据当地气象台站的要求及时增播、插播或者刊登。

第三十二条 县级以上地方人民政府应当建立和完善气象灾害预警信息发布系统,并根据气象灾害防御的需要,在交通枢纽、公共活动场所等人口密集区域和气象灾害易发区域建立灾害性天气警报、气象灾害预警信号接收和播发设施,并保证设施的正常运转。

乡(镇)人民政府、街道办事处应当确定人员,协助气象主管机构、民政部门开展气象灾害防御知识宣传、应急联络、信息传递、灾害报告和灾情调查等工作。

第三十三条 各级气象主管机构应当做好太阳风暴、地球空间暴等空间天气灾害的监测、预报和预警工作。

第四章 应急处置

第三十四条 各级气象主管机构所属的气象台站应当及时向本级人民政府和有关部门报告灾害性天气预报、警报情况和气象灾害预警信息。

县级以上地方人民政府、有关部门应当根据灾害性天气警报、气象灾害预警信号和气象灾害应急预案启动标准,及时作出启动相应应急预案的决定,向社会公布,并报告上一级人民政府;必要时,可以越级上报,并向当地驻军和可能受到危害的毗邻地区的人民政府通报。

发生跨省、自治区、直辖市大范围的气象灾害,并造成较大危害时,由国务院决定启动国家气象灾害应急预案。

第三十五条 县级以上地方人民政府应当根据灾害性天气影响范围、强度,将可能造成人员伤亡或者重大财产损失的区域临时确定为气象灾害危险区,并及时予以公告。

第三十六条 县级以上地方人民政府、有关部门应当根据气象灾害发生情况,依照《中华人民共和国突发事件应对法》的规定及时采取应急处置措施;情况紧急时,及时动员、组织受到灾害威胁的人员转移、疏散,开展自救互救。

对当地人民政府、有关部门采取的气象灾害应急处置措施,任何单位和个人应当配合实施,不得妨碍气象灾害救助活动。

第三十七条 气象灾害应急预案启动后,各级气象主管机构应当组织所属的气象台站加强对气象灾害的监测和评估,启用应急移动气象灾害监测设施,开展现场气象服务,及时向本级人民政府、有关部门报告灾害性天气实况、变化趋势和评估结果,为本级人民政府组织防御气象灾害提供决策依据。

第三十八条 县级以上人民政府有关部门应当按照各自职责,做好相应的应急工作。

民政部门应当设置避难场所和救济物资供应点,开展受灾群众救助工作,并按照规定职责核查灾情、发布灾情信息。

卫生主管部门应当组织医疗救治、卫生防疫等卫生应急工作。

交通运输、铁路等部门应当优先运送救灾物资、设备、药物、食品,及时抢修被毁的道路交通设施。

住房城乡建设部门应当保障供水、供气、供热等市政公用设施的安全运行。

电力、通信主管部门应当组织做好电力、通信应急保障工作。

国土资源部门应当组织开展地质灾害监测、预防工作。

农业主管部门应当组织开展农业抗灾救灾和农业生产技术指导

工作。

水利主管部门应当统筹协调主要河流、水库的水量调度,组织开展防汛抗旱工作。

公安部门应当负责灾区的社会治安和道路交通秩序维护工作,协助组织灾区群众进行紧急转移。

第三十九条 气象、水利、国土资源、农业、林业、海洋等部门应当根据气象灾害发生的情况,加强对气象因素引发的衍生、次生灾害的联合监测,并根据相应的应急预案,做好各项应急处置工作。

第四十条 广播、电视、报纸、电信等媒体应当及时、准确地向社会传播气象灾害的发生、发展和应急处置情况。

第四十一条 县级以上人民政府及其有关部门应当根据气象主管机构提供的灾害性天气发生、发展趋势信息以及灾情发展情况,按照有关规定适时调整气象灾害级别或者作出解除气象灾害应急措施的决定。

第四十二条 气象灾害应急处置工作结束后,地方各级人民政府应当组织有关部门对气象灾害造成的损失进行调查,制定恢复重建计划,并向上一级人民政府报告。

第五章 法律责任

第四十三条 违反本条例规定,地方各级人民政府、各级气象主管机构和其他有关部门及其工作人员,有下列行为之一的,由其上级机关或者监察机关责令改正;情节严重的,对直接负责的主管人员和其他直接责任人员依法给予处分;构成犯罪的,依法追究刑事责任:

(一)未按照规定编制气象灾害防御规划或者气象灾害应急预案的;

(二)未按照规定采取气象灾害预防措施的;

(三)向不符合条件的单位颁发雷电防护装置检测资质证的;

(四)隐瞒、谎报或者由于玩忽职守导致重大漏报、错报灾害性天气警报、气象灾害预警信号的;

(五)未及时采取气象灾害应急措施的;

（六）不依法履行职责的其他行为。

第四十四条 违反本条例规定,有下列行为之一的,由县级以上地方人民政府或者有关部门责令改正;构成违反治安管理行为的,由公安机关依法给予处罚;构成犯罪的,依法追究刑事责任:

（一）未按照规定采取气象灾害预防措施的;

（二）不服从所在地人民政府及其有关部门发布的气象灾害应急处置决定、命令,或者不配合实施其依法采取的气象灾害应急措施的。

第四十五条 违反本条例规定,有下列行为之一的,由县级以上气象主管机构或者其他有关部门按照权限责令停止违法行为,处 5 万元以上 10 万元以下的罚款;有违法所得的,没收违法所得;给他人造成损失的,依法承担赔偿责任:

（一）无资质或者超越资质许可范围从事雷电防护装置检测的;

（二）在雷电防护装置设计、施工、检测中弄虚作假的。

（三）违反本条例第二十三条第三款的规定,雷电防护装置未经设计审核或者设计审核不合格施工的,未经竣工验收或者竣工验收不合格交付使用的

第四十六条 违反本条例规定,有下列行为之一的,由县级以上气象主管机构责令改正,给予警告,可以处 5 万元以下的罚款;构成违反治安管理行为的,由公安机关依法给予处罚:

（一）擅自向社会发布灾害性天气警报、气象灾害预警信号的;

（二）广播、电视、报纸、电信等媒体未按照要求播发、刊登灾害性天气警报和气象灾害预警信号的;

（三）传播虚假的或者通过非法渠道获取的灾害性天气信息和气象灾害灾情的。

第六章 附 则

第四十七条 中国人民解放军的气象灾害防御活动,按照中央军事委员会的规定执行。

第四十八条 本条例自 2010 年 4 月 1 日起施行。

附录三　人工影响天气管理条例

（2002年3月13日国务院第56次常务会议通过 2002年3月19日中华人民共和国国务院令第348号公布 根据2020年3月27日《国务院关于修改和废止部分行政法规的决定》修正）

第一条　为了加强对人工影响天气工作的管理，防御和减轻气象灾害，根据《中华人民共和国气象法》的有关规定，制定本条例。

第二条　在中华人民共和国领域内从事人工影响天气活动，应当遵守本条例。

第三条　本条例所称人工影响天气，是指为避免或者减轻气象灾害，合理利用气候资源，在适当条件下通过科技手段对局部大气的物理、化学过程进行人工影响，实现增雨雪、防雹、消雨、消雾、防霜等目的的活动。

第四条　人工影响天气工作按照作业规模和影响范围，在作业地县级以上地方人民政府的领导和协调下，由气象主管机构组织实施和指导管理。

第五条　开展人工影响天气工作，应当制定人工影响天气工作计划。人工影响天气工作计划由有关地方气象主管机构商同级有关部门编制，报本级人民政府批准后实施。

按照有关人民政府批准的人工影响天气工作计划开展的人工影响天气工作属于公益性事业，所需经费列入该级人民政府的财政预算。

第六条　组织实施人工影响天气作业，应当具备适宜的天气气候条件，充分考虑当地防灾减灾的需要和作业效果。

第七条 国家鼓励和支持人工影响天气科学技术研究,推广使用先进技术。

县级以上地方人民政府应当组织专家对人工影响天气作业的效果进行评估,并根据评估结果,对提供决策依据的有关单位给予奖惩。

第八条 人工影响天气的作业地点,由省、自治区、直辖市气象主管机构根据当地气候特点、地理条件,依照《中华人民共和国民用航空法》《中华人民共和国飞行基本规则》的有关规定,会同有关飞行管制部门确定。

第九条 从事人工影响天气作业的单位,应当符合省、自治区、直辖市气象主管机构规定的条件。

第十条 人工影响天气作业单位应当按照国务院气象主管机构制定的人工影响天气作业人员培训标准对从事人工影响天气作业的人员进行岗前培训。人工影响天气作业人员应当掌握相关作业规范和操作规程后,方可实施人工影响天气作业。

利用高射炮、火箭发射装置从事人工影响天气作业的人员名单,由所在地的气象主管机构抄送当地公安机关备案。

第十一条 利用高射炮、火箭发射装置实施人工影响天气作业,由作业地的县级以上地方气象主管机构向有关飞行管制部门申请空域和作业时限。

利用飞机实施人工影响天气作业,由省、自治区、直辖市气象主管机构向有关飞行管制部门申请空域和作业时限;所需飞机由军队或者民航部门按照供需双方协商确定的方式提供;机场管理机构及有关单位应当根据人工影响天气工作计划做好保障工作。

有关飞行管制部门接到申请后,应当及时作出决定并通知申请人。

第十二条 实施人工影响天气作业,必须在批准的空域和作业时限内,严格按照国务院气象主管机构规定的作业规范和操作规程进行,并接受县级以上地方气象主管机构的指挥、管理和监督,确保作业安全。

实施人工影响天气作业,作业地的气象主管机构应当根据具体情况提前公告,并通知当地公安机关做好安全保卫工作。

第十三条　作业地气象台站应当及时无偿提供实施人工影响天气作业所需的气象探测资料、情报、预报。

农业农村、水利、自然资源、应急管理、林业和草原等有关部门应当及时无偿提供实施人工影响天气作业所需的灾情、水文、火情等资料。

第十四条　需要跨省、自治区、直辖市实施人工影响天气作业的，由有关省、自治区、直辖市人民政府协商确定；协商不成的，由国务院气象主管机构商有关省、自治区、直辖市人民政府确定。

第十五条　实施人工影响天气作业使用的火箭发射装置、炮弹、火箭弹，由国务院气象主管机构和有关部门共同指定的企业按照国家有关强制性技术标准和要求组织生产。

因作业需要采购前款规定设备的，由省、自治区、直辖市气象主管机构按照国家有关政府采购的规定组织采购。

第十六条　运输、存储人工影响天气作业使用的高射炮、火箭发射装置、炮弹、火箭弹，应当遵守国家有关武器装备、爆炸物品管理的法律、法规。实施人工影响天气作业使用的炮弹、火箭弹，由军队、当地人民武装部协助存储；需要调运的，由有关部门依照国家有关武器装备、爆炸物品管理的法律、法规的规定办理手续。

第十七条　实施人工影响天气作业使用的高射炮、火箭发射装置，由省、自治区、直辖市气象主管机构组织年检；年检不合格的，应当立即进行检修，经检修仍达不到规定的技术标准和要求的，予以报废。

第十八条　禁止下列行为：

（一）将人工影响天气作业设备转让给非人工影响天气作业单位或者个人；

（二）将人工影响天气作业设备用于与人工影响天气无关的活动；

（三）使用年检不合格、超过有效期或者报废的人工影响天气作业设备。

人工影响天气作业单位之间转让人工影响天气作业设备的，应当自转让之日起三十日内向有关省、自治区、直辖市气象主管机构备案。

第十九条　违反本条例规定，有下列行为之一，造成严重后果的，依照刑法关于危险物品肇事罪、重大责任事故罪或者其他罪的规定,依法追究刑事责任;尚不够刑事处罚的,由有关气象主管机构按照管理权限责令改正,给予警告;情节严重的,禁止从事人工影响天气作业;造成损失的,依法承担赔偿责任:

(一)违反人工影响天气作业规范或者操作规程的;

(二)未按照批准的空域和作业时限实施人工影响天气作业的;

(三)将人工影响天气作业设备转让给非人工影响天气作业单位或者个人的;

(四)人工影响天气作业单位之间转让人工影响天气作业设备,未按照规定备案的;

(五)将人工影响天气作业设备用于与人工影响天气无关的活动的。

第二十条 违反本条例规定,组织实施人工影响天气作业,造成特大安全事故的,对有关主管机构的负责人、直接负责的主管人员和其他直接责任人员,依照《国务院关于特大安全事故行政责任追究的规定》处理。

第二十一条 为军事目的从事人工影响天气活动的具体管理办法,由中央军事委员会制定。

第二十二条 本条例自2002年5月1日起施行。

附:刑法有关条文

第一百一十五条 放火、决水、爆炸、投毒或者以其他危险方法致人重伤、死亡或者使公私财产遭受重大损失的,处10年以上有期徒刑、无期徒刑或者死刑。

过失犯前款罪的,处3年以上7年以下有期徒刑;情节较轻的,处3年以下有期徒刑或者拘役。

第一百三十四条 工厂、矿山、林场、建筑企业或者其他企业、事业单位的职工,由于不服管理、违反规章制度,或者强令工人违章冒险作业,因而发生重大伤亡事故或者造成其他严重后果的,处3年以下有期徒刑或者拘役;情节特别恶劣的,处3年以上7年以下有期徒刑。

第一百三十六条 违反爆炸性、易燃性、放射性、毒害性、腐蚀性物品管理规定,在生产、储存、运输、使用中发生重大事故,造成严重后果的,处 3 年以下有期徒刑或者拘役;后果特别严重的,处 3 年以上 7 年以下有期徒刑。

第三百九十七条 国家机关工作人员滥用职权或者玩忽职守,致使公共财产、国家和人民利益遭受重大损失的,处 3 年以下有期徒刑或者拘役;情节特别严重的,处 3 年以上 7 年以下有期徒刑。本法另有规定的,依照规定。

国家机关工作人员徇私舞弊,犯前款罪的,处 5 年以下有期徒刑或者拘役;情节特别严重的,处 5 年以上 10 年以下有期徒刑。本法另有规定的,依照规定。

附录四　气象设施和气象探测环境保护条例

（2012年8月22日国务院第214次常务会议通过，自2012年12月1日起施行）

第一条　为了保护气象设施和气象探测环境，确保气象探测信息的代表性、准确性、连续性和可比较性，根据《中华人民共和国气象法》，制定本条例。

第二条　本条例所称气象设施，是指气象探测设施、气象信息专用传输设施和大型气象专用技术装备等。

本条例所称气象探测环境，是指为避开各种干扰，保证气象探测设施准确获得气象探测信息所必需的最小距离构成的环境空间。

第三条　气象设施和气象探测环境保护实行分类保护、分级管理的原则。

第四条　县级以上地方人民政府应当加强对气象设施和气象探测环境保护工作的组织领导和统筹协调，将气象设施和气象探测环境保护工作所需经费纳入财政预算。

第五条　国务院气象主管机构负责全国气象设施和气象探测环境的保护工作。地方各级气象主管机构在上级气象主管机构和本级人民政府的领导下，负责本行政区域内气象设施和气象探测环境的保护工作。

设有气象台站的国务院其他有关部门和省、自治区、直辖市人民政府其他有关部门应当做好本部门气象设施和气象探测环境的保护工作，并接受同级气象主管机构的指导和监督管理。

发展改革、国土资源、城乡规划、无线电管理、环境保护等有关部门按照职责分工负责气象设施和气象探测环境保护的有关工作。

第六条　任何单位和个人都有义务保护气象设施和气象探测环境,并有权对破坏气象设施和气象探测环境的行为进行举报。

第七条　地方各级气象主管机构应当会同城乡规划、国土资源等部门制定气象设施和气象探测环境保护专项规划,报本级人民政府批准后依法纳入城乡规划。

第八条　气象设施是基础性公共服务设施。县级以上地方人民政府应当按照气象设施建设规划的要求,合理安排气象设施建设用地,保障气象设施建设顺利进行。

第九条　各级气象主管机构应当按照相关质量标准和技术要求配备气象设施,设置必要的保护装置,建立健全安全管理制度。

地方各级气象主管机构应当按照国务院气象主管机构的规定,在气象设施附近显著位置设立保护标志,标明保护要求。

第十条　禁止实施下列危害气象设施的行为:

(一)侵占、损毁、擅自移动气象设施或者侵占气象设施用地;

(二)在气象设施周边进行危及气象设施安全的爆破、钻探、采石、挖砂、取土等活动;

(三)挤占、干扰依法设立的气象无线电台(站)、频率;

(四)设置影响大型气象专用技术装备使用功能的干扰源;

(五)法律、行政法规和国务院气象主管机构规定的其他危害气象设施的行为。

第十一条　大气本底站、国家基准气候站、国家基本气象站、国家一般气象站、高空气象观测站、天气雷达站、气象卫星地面站、区域气象观测站等气象台站和单独设立的气象探测设施的探测环境,应当依法予以保护。

第十二条　禁止实施下列危害大气本底站探测环境的行为:

(一)在观测场周边3万米探测环境保护范围内新建、扩建城镇、工矿区,或者在探测环境保护范围上空设置固定航线;

(二)在观测场周边1万米范围内设置垃圾场、排污口等干扰源;

(三)在观测场周边1000米范围内修建建筑物、构筑物。

第十三条　禁止实施下列危害国家基准气候站、国家基本气象站探测环境的行为：

（一）在国家基准气候站观测场周边 2000 米探测环境保护范围内或者国家基本气象站观测场周边 1000 米探测环境保护范围内修建高度超过距观测场距离 1/10 的建筑物、构筑物；

（二）在观测场周边 500 米范围内设置垃圾场、排污口等干扰源；

（三）在观测场周边 200 米范围内修建铁路；

（四）在观测场周边 100 米范围内挖筑水塘等；

（五）在观测场周边 50 米范围内修建公路、种植高度超过 1 米的树木和作物等。

第十四条 禁止实施下列危害国家一般气象站探测环境的行为：

（一）在观测场周边 800 米探测环境保护范围内修建高度超过距观测场距离 1/8 的建筑物、构筑物；

（二）在观测场周边 200 米范围内设置垃圾场、排污口等干扰源；

（三）在观测场周边 100 米范围内修建铁路；

（四）在观测场周边 50 米范围内挖筑水塘等；

（五）在观测场周边 30 米范围内修建公路、种植高度超过 1 米的树木和作物等。

第十五条 高空气象观测站、天气雷达站、气象卫星地面站、区域气象观测站和单独设立的气象探测设施探测环境的保护，应当严格执行国家规定的保护范围和要求。

前款规定的保护范围和要求由国务院气象主管机构公布，涉及无线电频率管理的，国务院气象主管机构应当征得国务院无线电管理部门的同意。

第十六条 地方各级气象主管机构应当将本行政区域内气象探测环境保护要求报告本级人民政府和上一级气象主管机构，并抄送同级发展改革、国土资源、城乡规划、住房建设、无线电管理、环境保护等部门。

对不符合气象探测环境保护要求的建筑物、构筑物、干扰源等，地方各级气象主管机构应当根据实际情况，商有关部门提出治理方案，报本级人民政府批准并组织实施。

第十七条 在气象台站探测环境保护范围内新建、改建、扩建建设工程,应当避免危害气象探测环境;确实无法避免的,建设单位应当向国务院气象主管机构或者省、自治区、直辖市气象主管机构报告并提出相应的补救措施,经国务院气象主管机构或者省、自治区、直辖市气象主管机构书面同意。未征得气象主管机构书面同意或者未落实补救措施的,有关部门不得批准其开工建设。

在单独设立的气象探测设施探测环境保护范围内新建、改建、扩建建设工程的,建设单位应当事先报告当地气象主管机构,并按照要求采取必要的工程、技术措施。

第十八条 气象台站站址应当保持长期稳定,任何单位或者个人不得擅自迁移气象台站。

因国家重点工程建设或者城市(镇)总体规划变化,确需迁移气象台站的,建设单位或者当地人民政府应当向省、自治区、直辖市气象主管机构提出申请,由省、自治区、直辖市气象主管机构组织专家对拟迁新址的科学性、合理性进行评估,符合气象设施和气象探测环境保护要求的,在纳入城市(镇)控制性详细规划后,按照先建站后迁移的原则进行迁移。

申请迁移大气本底站、国家基准气候站、国家基本气象站的,由受理申请的省、自治区、直辖市气象主管机构签署意见并报送国务院气象主管机构审批;申请迁移其他气象台站的,由省、自治区、直辖市气象主管机构审批,并报送国务院气象主管机构备案。

气象台站迁移、建设费用由建设单位承担。

第十九条 气象台站探测环境遭到严重破坏,失去治理和恢复可能的,国务院气象主管机构或者省、自治区、直辖市气象主管机构可以按照职责权限和先建站后迁移的原则,决定迁移气象台站;该气象台站所在地地方人民政府应当保证气象台站迁移用地,并承担迁移、建设费用。地方人民政府承担迁移、建设费用后,可以向破坏探测环境的责任人追偿。

第二十条 迁移气象台站的,应当按照国务院气象主管机构的规定,在新址与旧址之间进行至少1年的对比观测。

迁移的气象台站经批准、决定迁移的气象主管机构验收合格,正式投入使用后,方可改变旧址用途。

第二十一条　因工程建设或者气象探测环境治理需要迁移单独设立的气象探测设施的,应当经设立该气象探测设施的单位同意,并按照国务院气象主管机构规定的技术要求进行复建。

第二十二条　各级气象主管机构应当加强对气象设施和气象探测环境保护的日常巡查和监督检查。各级气象主管机构可以采取下列措施:

(一)要求被检查单位或者个人提供有关文件、证照、资料;

(二)要求被检查单位或者个人就有关问题作出说明;

(三)进入现场调查、取证。

各级气象主管机构在监督检查中发现应当由其他部门查处的违法行为,应当通报有关部门进行查处。有关部门未及时查处的,各级气象主管机构可以直接通报、报告有关地方人民政府责成有关部门进行查处。

第二十三条　各级气象主管机构以及发展改革、国土资源、城乡规划、无线电管理、环境保护等有关部门及其工作人员违反本条例规定,有下列行为之一的,由本级人民政府或者上级机关责令改正,通报批评;对直接负责的主管人员和其他直接责任人员依法给予处分;构成犯罪的,依法追究刑事责任:

(一)擅自迁移气象台站的;

(二)擅自批准在气象探测环境保护范围内设置垃圾场、排污口、无线电台(站)等干扰源以及新建、改建、扩建建设工程危害气象探测环境的;

(三)有其他滥用职权、玩忽职守、徇私舞弊等不履行气象设施和气象探测环境保护职责行为的。

第二十四条　违反本条例规定,危害气象设施的,由气象主管机构责令停止违法行为,限期恢复原状或者采取其他补救措施;逾期拒不恢复原状或者采取其他补救措施的,由气象主管机构依法申请人民法院强制执行,并对违法单位处1万元以上5万元以下罚款,对违法个人处

100元以上1000元以下罚款;造成损害的,依法承担赔偿责任;构成违反治安管理行为的,由公安机关依法给予治安管理处罚;构成犯罪的,依法追究刑事责任。

挤占、干扰依法设立的气象无线电台(站)、频率的,依照无线电管理相关法律法规的规定处罚。

第二十五条 违反本条例规定,危害气象探测环境的,由气象主管机构责令停止违法行为,限期拆除或者恢复原状,情节严重的,对违法单位处2万元以上5万元以下罚款,对违法个人处200元以上5000元以下罚款;逾期拒不拆除或者恢复原状的,由气象主管机构依法申请人民法院强制执行;造成损害的,依法承担赔偿责任。

在气象探测环境保护范围内,违法批准占用土地的,或者非法占用土地新建建筑物或者其他设施的,依照城乡规划、土地管理等相关法律法规的规定处罚。

第二十六条 本条例自2012年12月1日起施行。

附录五　气象部门规章目录

序号	名称	颁布令号	颁布时间
1	气象行政处罚办法	1号令　19号令第一次修订　42号令第二次修订	2000年1月3日
2	气象行政复议办法	2号令	2000年5月2日
3	气象资料共享管理办法	4号令	2001年11月27日
4	升放气球管理办法	9号令　36号令修订	2021年1月1日
5	涉外气象探测和资料管理办法	13号令　40号令修订	2022年8月1日
6	气象灾害预警信号发布与传播办法	16号令	2007年6月12日
7	气候可行性论证管理办法	18号令	2009年1月1日
8	防雷减灾管理办法	20号令　24号令修订	2021年1月1日
9	雷电防护装置设计审核和竣工验收规定	21号令　37号令修订	2021年1月1日
10	气象行政规范性文件管理办法	23号令　39号令修订	2011年9月30日
11	气象预报发布与传播管理办法	26号令	2015年5月1日
12	气象信息服务管理办法	27号令　35号令修订	2015年6月1日
13	气象专用技术装备使用许可管理办法	28号令　35号令第一次修订　41号令第二次修订	2016年6月1日
14	新建扩建改建建设工程避免危害气象探测环境行政许可管理办法	29号令　35号令修订	2016年9月1日

续表

序号	名称	颁布令号	颁布时间
15	气象台站迁建行政许可管理办法	30号令 35号令修订	2016年9月1日
16	雷电防护装置检测资质管理办法	31号令 38号令第一次修订 41号令第二次修订	2016年10月1日
17	气象行政许可实施办法	33号令	2017年5月1日
18	气象行业管理若干规定	34号令	2017年5月1日

附录六　气象规范性文件目录

一、《国务院关于加强气象工作的通知》(1959年7月31日)

二、《国务院关于进一步加强气象工作的通知》(国发〔1992〕25号)

三、《国务院关于加快气象事业发展的若干意见》(国发〔2006〕3号)

四、《国务院关于印发气象高质量发展纲要(2022—2035年)的通知》(国发〔2022〕11号)

五、《国务院办公厅关于进一步加强气象灾害防御工作的意见》(国办发〔2007〕49号)

六、《国务院办公厅关于加强气象灾害监测预警及信息发布工作的意见》(国办发〔2011〕33号)

七、《国务院办公厅印发关于推进人工影响天气工作高质量发展的意见》(国办发〔2020〕47号)